九山禪門

철학자 이일야의 구산선문 답사기

해주에서
···
장흥까지

아홉 개의 산문이 열리다

조계종
출판사

일러두기

※ 이 책의 내용은 『불교신문』에 지난 2014년 6월부터 12월까지 연재된 「에세이 구산선문」을 수정·보완한 것입니다.

※ 이 책에 수록된 산문의 수록 순서는 수미산문을 제외하고 저자의 답사 순에 따랐습니다.

※ 〈답사노트〉 내용과 각 산문의 법맥 및 부록의 내용은 독자 이해를 돕기 위해 본 도서의 책임 편집자가 작성하여 저자가 감수한 내용입니다. 작성 시 참고한 자료는 아래와 같습니다.
　◦ 문화재청 홈페이지(http://www.cha.go.kr)
　◦ 정운, 『동아시아 선의 르네상스를 찾아서』, 클리어마인드, 2012
　◦ 곽철환, 『시공 불교사전』, 시공사, 2003
　◦ 야나기다 세이잔, 안영길·추만호 역, 『선의 사상과 역사』, 민족사, 1989

※ 사진 설명 등에 수록된 문화재명은 문화재청에 등재된 명칭을 기준으로 하였습니다.

몇 해 전 승보종찰 송광사에서 발행하는 월간 『송광사』에 「에세이 지눌」을 연재한 적이 있다. 보조 국사 지눌普照國師 知訥, 1158~1210의 흔적이 남아 있는 사찰이나 사지를 답사하고, 그의 생애와 사상을 에세이 형식으로 풀어 쓴 글이다.

집필을 위해 제일 먼저 찾은 곳은 굴산사지堀山寺址였다. 굴산사는 구산선문九山禪門 가운데 한 곳인 사굴산문闍堀山門의 중심 사찰로 지눌이 출가한 곳이다. 답사를 하면서 문득 구산선문도 에세이 형식으로 풀어 쓰면 어떨까 생각하였다. 이런 생각을 당시 답사를 함께한 스승님과 호남문화원 실장님 두 분과 공유하고, "에세이 구산선문"이라는 제목으로 월간 『호남불교』에 연재하게 되었다.

그렇게 몇 번에 걸쳐 연재하는 도중 『호남불교』는 경제적인 어려움으로 인해 발행이 중단되었고, 「에세이 구산선문」 원고를 쓰는 일도 이어 나갈 수 없었다. 그런데 이러한 사정을 알게 된 조계종출판사 이상근 부장이 『불교신문』에 연재할 수 있도록 주선해 주어 2014년에 같은 제목으로 글을 쓸 수 있었다. 그렇게 연재한 글을 모아서 이번에 한 권의 책으로 나오게 된 것이다.

　이 책은 신라 말부터 고려 초에 걸쳐 우리나라에 들어온 선불교禪佛 敎에 관한 이야기다. 아홉 군데 산문을 중심으로 발전한 선불교는 오늘날 까지 한국불교의 전통으로 자리잡고 있다. 그런데 구산선문은 일반인들이 쉽게 접근할 수 있는 주제가 아니다. 많은 인물과 사찰이 등장하는 이유도 있지만, 무엇보다도 산문을 발전시킨 선사들의 사상이 어렵기 때문이다. 구산선문이 지금까지 학자들의 연구 영역에 머무르고 있는 이유도 여기에 있다.

　그래서 택한 방법이 에세이다. 구산선문과 관련된 사찰들을 답사 하고 각 산문을 대표하는 선사들의 사상을 쉽게 풀어 쓰려 한 것이다. 특히 각 산문의 선사들이 전한 인문 정신을 오늘의 문제와 연결시켜 해석하는 데 중점을 두었다. 전통은 과거로서의 역사일 뿐만 아니라 오늘날에도 여전히 유의미한 것이라 믿기 때문이다. 전통이 현재성을 담보하지 못하면 사라질 수밖에 없다. 따라서 불교의 소중한 유산인 구산선문을 오늘에 맞게 해석하고 의미를 살리는 일은 매우 중요하다.

　『해주에서 장흥까지, 아홉 개의 산문이 열리다』는 소중한 인연들이 인드라망처럼 엮여 나온 책이다. 글을 쓸 때마다 스승이신 강건기 선생님은 정신적으로 든든한 뒷받침이 되어 주셨다. 어디에도 얽매이지 않고 자유롭게 글을 쓸 수 있도록 용기와 격려를 주신 선생님께 감사의 마음을 전하고 싶다. 인격은 말이나 글이 아니라 삶에서 나오는 것임을 알게 해 준 스승님과의 인연을 늘 감사하게 생각하며 살고 있다.

또 독자의 입장에서 좋은 생각들을 나눠준 호남문화원 이준엽 실장님과의 인연도 이 책에 소중히 담겨 있다. 최여지 선생님은 정성스런 마음과 눈으로 원고를 꼼꼼하게 살펴 주었고, 이화구 님은 물심양면으로 독려해 주었다. 이 소중한 인연들께 진심을 담아 감사의 마음을 전하고 싶다. 끝으로 한 권의 책으로 소중한 인연을 담아 준 조계종출판사 관계자 모두에게 감사의 마음을 전하고 싶다.

불기 2560년 2월
성작산 아래 초가에서
이일야 합장

손가락이 아니라
달을 보라

야구가 죽어야 축구가 산다고?

공공화장실에 가면 으레 낙서들이 있기 마련이다. 그것에는 살면서 겪게 되는 가슴 아픈 상처나 우리를 미소 짓게 하는 유머가 담겨 있다. 어쩌면 그것은 사연 많은 우리네 삶의 축소판이 아닌가 싶을 때도 있다. 그런 낙서들 중에 아직까지 뇌리에 깊이 남아 있는 것이 있다.

"야구가 죽어야 축구가 산다."

처음 이 문구를 발견하고 한참을 웃었다. 아마도 축구를 열렬히 좋아하는 사람이 『공자가 죽어야 나라가 산다』라는 책 제목을 패러디해서 쓴 것 같다. 평소에 우리나라 사람들은 축구보다 야구를 더 좋아한다. 반대인 경우는 월드컵이나 올림픽 같은 국가 대항전이 열릴 때뿐이다. 2002년 월드컵의 영향으로 축구 붐이 크게 일어나 국민들의 사랑을 많이 받았지만, 얼마 지나지 않아 그 사랑을 야구에 뺏기고 만다. 이 낙서를 한 사람은 축구에 대한 '반짝 사랑'이 못내 아쉬워 이렇게 하소연을 한 것이다.

축구와 야구는 우리나라 사람들이 가장 좋아하는 양대 스포츠이다. 이 둘은 서로 경쟁하면서 국민들의 사랑을 받기 위해 지금도 노력하고 있다. 그런데 경쟁이 지나치다 보면 스포츠를 통한 건전한 여가 선용이라는 본래의 취지를 상실할 수 있다. 놓쳐서는 안 되는 부분이다. 야구가 축구보다 더 훌륭한 스포츠일 수 없고, 그 반대의 경우일 수도 없다. 그저 자신이 좋아하는 것을 선택해서 즐기면 되는 일이다. 한쪽이 죽어야 다른 한쪽이 살게 되는 관계는 아닌 것이다.

인도의 불교가 중국에 전파되어 교학불교敎學佛敎로 발전할 때도 이와 비슷한 현상이 일어난다. 불교의 경전은 중국어로 번역되어 오랫동안 큰 사랑을 받으며 발전한다. 이렇게 번역된 경전의 양이 너무 많게 되자 중국인들은 각자가 좋아하는 경전을 중심으로 일종의 동아리를 만들게 된다. 『화엄경』을 좋아하는 사람들이 모여서 '화엄종'이라는 동아리를 만들고, 『법화경』을 좋아하는 사람들이 모여서 '천태종' 동아리를 만들게 된 것이다. 마치 축구와 야구 동아리를 만들 듯이 말이다.

이렇게 만들어진 여러 불교 모임들은 서로 건전하게 경쟁하면서 각자의 발전을 도모한다. 자신들이 소의所依로 하는 경전의 주석서를 만들어 불교학 발전에 큰 기여를 하고, 종파와 관련된 사찰을 지어 뛰어한 승려들도 많이 배출한다. 이때 배출된 대표적인 승려가 화엄종의 현수 법장賢首法藏, 643~712과 천태종의 천태 지의天台智顗, 538~597이다. 중국불교계의 걸출한 인물들이다.

이들 종파에서는 번역된 수많은 경전을 체계적으로 정리하는 작업을 하였는데, 이를 교판敎判이라고 한다. 대표적인 것이 천태종의 오시교판五時敎判이다. 즉 부처님께서 다섯 번에 걸쳐 경전을 완성했다는 것이다. 부처님께서 성도 후 맨 처음 설하신 가르침이 『화엄경』인데 그 가르침이 너무 어려워 사람들이 알아듣지 못하자 『아함경』과 『방등경』, 『반야경』 등을 차례대로 설하고 최후에 『법화경』과 『열반경』을 설했다는 것이 주요 내용이다. 화엄종에서도 이를 의식한 듯 천태종과는 다른 교판 작업을 한다. 조금 과장해서 말한다면 각자 부처님과 경전을 소재로 삼아 소설을 쓴 것이다.

이들의 경쟁이 도를 넘은 것일까? 그들은 경전을 정리하면서 자신들이 소의로 하는 경전이 수많은 경전들 중 가장 중요한 가르침임을 역설하였다. 당연히 천태종에서는 『법화경』이 『화엄경』보다 훨씬 훌륭한 가르침임을 강조하고, 화엄종에서는 『화엄경』이 『법화경』보다 가치 우위에 있음을 설파했다. 그야말로 '우리 경전 최고' 경쟁이 불붙은 것이다. 그런데 그 불이 모두를 태울 수도 있다는 것을 그들은 알고 있었을까?

손가락이 아니라 달을 보라

이렇게 경쟁이 심해지자 더욱 심각한 문제가 발생했다. 그들은 경전이라는 수단에 집착한 나머지 깨침이라는 불교 본래의 목적을 잃어버린 것이다. 마치 달을 보아야 하는 데 그것을 가리키는 손가락(標月之指)에 집착하는 것과 같다고 할 수 있다. 부처님의 가르침인 경전은 깨침이라는 달을 가리키기 위한 친절한 안내서이다. 안내서가 아무리 훌륭하다고 해도 그것은 수단이지 달 자체가 될 수는 없다. 그런데 그들의 지나친 경쟁으로 인해서 목적과 수단이 뒤바뀌는 현상이 벌어진 것이다.

보리 달마菩提達磨가 처음 중국에 와서 목격한 상황이 바로 이러했다. 이러한 상황이 답답했던 것일까? 달마는 불교계를 떠나 숭산嵩山 소림사少林寺로 숨어 버린다. 그러나 수단에 집착하고 있는 불교계를 향한 그의 비판은 아주 날카로웠다. 교학 이외에 따로 전하는 가르침이 있는데(教外別傳), 그것은 문자를 세우지 않는다(不立文字)는 것이었다. 중국불교계 전체를 송두리째 흔들어 버린 엄청난 선언이었다.

그렇다면 어떻게 해야 한다는 것일까? 그의 대답은 의외로 단순했다. 복잡하게 손가락에 집착할 것이 아니라 직접 달을 보라. 이것은 곧 사람의 마음을 직접 가리켜서(直指人心) 성품을 보고 부처를 이룬다(見性成佛)는 것이다. 이 4대 선언이 그 유명한 선禪의 사구게四句偈이다. 이 얼마나 명쾌하면서도 단순한 해답인가!

그러나 이 단순한 대안은 단순하게 끝나지 않고 중국불교계 판도 전체를 뒤바꾸고 만다. 드넓은 중국 대륙이 온통 선의 색깔로 물들었으며, 뛰어난 선사禪師들이 배출되어 그들의 새로운 전통이 확립되었다. 육조 혜능六祖慧能, 마조 도일馬祖道一, 임제 의현臨濟義玄 등 이름만 들어도 알만한 인물들이 달마의 선을 전승·발전시켜 선의 황금시대를 이룬 것이다. 어디 그뿐인가. 선불교가 오늘날 한국불교의 정체성을 이루고 있으니, 그 영향이 실로 크다 할 것이다.

새로운 불교가 바람을 타고 한반도에 처음 들어온 때는 바로 신라 말기이다. 물론 화엄종과 법상종을 비롯한 중국의 교학불교는 이미 들어와 있었다. 천태종은 고려 시대 의천義天에 이르러 비로소 소개된다. 이들 교학불교는 왕족과 귀족을 중심으로 발전하게 된다. 원효元曉에 의해 불교가 많이 대중화되었다고 하지만, 화엄을 비롯한 교학불교는 여전히 지식을 갖춘 이들만이 누릴 수 있는, 그들만의 고급 문화였다.

그런데 선불교가 아홉 군데 산문을 통해 소개되면서 우리의 불교계도 커다란 변화를 맞는다. 마치 가뭄의 단비처럼 이 땅의 민초들도 향유할 수 있는 시원한 물줄기가 내린 것이다. 달을 가리키는 수단이 손가락이든 막대기든 무슨 상관이 있겠는가. 중요한 것은 달을 정확하게 가리키는 것이며, 그 방편을 통해서 달을 보아야 한다는 사실이다. 또 달을 가리키는 손가락이 너무 어렵고 복잡한 구조로 되어 있어서 달을 보는 데 방해가 된다면, 그 손가락을 잘라 버려야 한다. 그런 단호함이 선에 담겨 있다.

선의 발생 과정을 보면서 오늘 우리의 모습을 돌아볼 필요가 있다. '우리 경전 최고'라는 의식이 여전히 남아 있기 때문이다. 특정 경전 제일주의는 부처님의 정신에 부합되지 않는다. 부처님은 성도 후 45년 동안 수많은 대중들을 만나면서 그들의 성향과 근기에 맞게 가르침을 설했다. 불교경전이 많을 수밖에 없는 이유이다. 근기설법根機說法에 담긴 부처님 정신을 바로 새겨 자신에게 맞는 경전을 선택해 신행信行의 기초로 삼으면 되는 일이다.

부처님은 당신의 가르침을 꿀에 비유한 적이 있다. 꿀은 가운데에 있거나 가장자리에 있거나 모두 단맛을 낸다. 가운데에 있는 꿀이 가장자리에 있는 것보다 달다고 할 수는 없다. 따라서 부처님의 말씀인 경전에 가격을 매겨 그 가치를 평가하는 일은 꿀의 단맛이 위치에 따라 서로 다르다고 생각하는 것과 같다. 이는 불자로서 매우 경계해야 할 일이다. 부처님의 말씀은 모두 제일이며 최고이기 때문이다.

이 책은 우리나라에 들어온 선불교의 자취를 찾아 그 정신을 함께 공유하고픈 마음에서 시작되었다. 아홉 군데 산문을 여행하면서 말이다. 비록 사찰이 모두 남아 있는 것은 아니지만 그 흔적이라도 더듬어 보려 한다. 이런 여정을 통해 각 산문이 보여준 선사상의 특성을 오늘의 문제와 연결시켜 그 의미를 찾아보면 좋을 듯싶다.

전통은 현재의 의미를 상실하면 더 이상 전통이라고 말할 수 없다. 그것은 역사성뿐만 아니라 현재성을 갖출 때 비로소 온전히 유지될 수 있기 때문이다. 현재성이 결여된 문화나 사상이 갈 곳은 박물관밖에 없다. 소중한 불교유산은 더 이상 박물관이 아니라 생생한 삶의 현장에서 살릴 수 있어야 한다. 지금부터 그 현장으로의 여정을 시작하려 한다. 무엇에도 꺼들리지 말고 이 여정을 마음으로 함께 하는 건 어떨까?

B⁺와 A의 차이

기말시험을 끝내고 채점을 하다 보면 안타까울 때가 있다.

시험을 치를 때면 으레 답안지를 한 장씩 나누어주는데, 어떤 학생은 두 장, 심지어 세 장까지 요구하기도 한다. 그런 답안지일수록 좀 더 유심히 보게 되는데, 종종 아쉬움이 많이 남는다. 정말 열심히 이것저것 적어놓았지만 문제의 핵심에 이르지 못하기 때문이다. 공부한 정성이 가상하기는 하지만, 눈물을 머금고 B⁺학점을 줄 수밖에 없다. 열심히 공부해서 답안지도 충실히 채웠는데 왜 A학점을 주지 않느냐는 하소연을 듣기도 하지만, 그래도 어쩔 수 없는 일이다. 아닌 것은 아닌 것이다.

반대로 양도 그리 많지 않고 조금은 부족해 보이지만, 문제의 핵심을 정확히 짚고서 답안을 작성하면 A학점을 준다. 중요한 것은 문제의 본질을 정확히 인식했느냐에 있기 때문이다. 89점과 90점의 차이는 비록 1

점에 불과하지만, 핵심을 건드렸느냐 아니냐에 따라서 답안지는 B학점과 A학점이라는 질적 차이를 갖게 되는 것이다.

　중국 선불교의 역사에서도 이와 비슷한 일이 벌어진다. 서로 다른 두 개의 답안지로 인해서 선불교의 역사가 바뀌게 되는 엄청난 사건이 일어난 것이다. 스승은 하나의 답안지에는 B⁺를, 또 다른 답안지에는 A라는 점수를 부여한다. 비록 사람들에게는 A학점 답안지도 아직 부족하다고 말하지만 말이다. 속내를 숨긴 스승과 제자에게 도대체 무슨 일이 일어난 것일까?

　이야기는 육조 혜능이 스승인 오조 홍인을 만나면서 시작된다. 남쪽에서 홀어머니를 모시고 나무꾼으로 살던 혜능은 홍인에게 불교를 배우기 위해 황매현 동쪽에 자리한 빙모산으로 떠난다. 첫 만남에서 무엇 하러 왔느냐는 스승의 질문에 제자는 당돌하게도 부처 되는 공부를 하러 왔다고 말한다. 팽팽한 기운이 느껴진다. 이놈이 물건인지 아닌지 테스트해 보고 싶었을까? 스승은 엉뚱한 질문을 한다.

　　"남쪽에서 왔다면 너는 오랑캐가 아닌가? 오랑캐가 감히 부처가 될 수 있겠느냐?"

　언뜻 보면 스승의 질문치고는 그리 매력적이지 못하다. 부처를 논하는 자리에서 겨우 오랑캐 얘기라니……. 그러나 이 질문에는 중국문화와 불교의 전통 사이에 흐르는 팽팽한 긴장감이 담겨 있다. 불교가 중국에 전래되면서 중국인들에게 큰 사랑을 받고 새로운 전통으로 자리를 잡지만 문화적으로 해소하기 힘든 문제가 있었다. 그것은 바로 그들의 중화 의식과

불교 평등사상 간의 갈등이었다.

이 문제는 화엄불교가 중국에서 크게 유행하며 불거진다. 화엄華嚴에서는 이 세상이 온갖 꽃으로(華) 장식되어(嚴) 있어서 매우 아름답다고 찬탄한다. 왜냐하면 존재하는 모든 것은 불성佛性의 현현顯現이기 때문이다. 들에 핀 이름 모를 꽃들과 갖가지 나무, 산과 들 모두가 부처의 모습이라고 상상해 보라. 이 얼마나 아름답지 않겠는가! 이상적인 세계라고 할 수 있을 것이다. 그렇다면 과연 오랑캐에게도 불성이 있다고 말할 수 있을까? 당연히 있다고 말해야 한다. 그런데 중국의 화엄에서는 대답을 머뭇거린다. 불성이 있다고 말하자니 뿌리 깊은 중화의식에 반하게 되고, 없다고 말하자니 불성론에 위배되는 상황. 이러지도 저러지도 못했던 그들은 딜레마에 빠져 버린 것이다.

그러나 선불교 입장에서 이것은 아무런 문제도 되지 않는다. 그들에게 한족과 오랑캐라는 이원적 사고는 의미가 없기 때문이다. 모두가 부처라는 대전제 앞에서 화이華夷의 문제는 논의의 대상이 될 수 없다. 선이 대중들에게 사랑받을 수밖에 없는 이유이다. 스승인 홍인은 바로 이 문제를 가지고 제자를 테스트한 것이다. 그런데 제자의 입에서 홍인을 멍하게 만드는 뜻밖의 대답이 나온다.

　　"사람에게는 남과 북이 있지만, 불성에도 남과 북의 차별이 있습니까?"

아! 감탄이 절로 나온다. 아마 스승도 그렇지 않았을까? 주위를 의식해서 표현만 하지 않았을 뿐 속으로 얼마나 기뻤을까. 물건이 하나 들어왔다고 말이다. 제자가 다칠 것을 염려한 스승은 속내를 감추고 혜능을 방아 찧는 곳으로 보낸다. 신수神秀를 비롯한 홍인의 많은 제자들이 기득권을 지키고 있는 상황에서 혜능은 그저 굴러들어 온 돌에 불과했다. 그 돌이 뛰어난 근기를 가지고 있으니 혹여 다칠까 스승은 염려했던 것이다. 그러나 오래지 않아 일이 터지고 만다.

홍인은 자신의 문하에서 공부하고 있는 제자들에게 시험 문제를 낸다. 이제까지 공부하면서 마음에 깨달은 바가 있으면 답안을 작성해 제출하라는 것이다. 가장 좋은 답안지를 제출한 제자에게 자신의 법法을 물려주겠다는 말도 덧붙였다. 수많은 제자들 가운데 답안지를 제출한 사람은 단 둘뿐이었다. 신수와 혜능이 바로 그 주인공이다.

스승은 당시 두 제자들 중에서 가장 뛰어난 신수에게 B+라는 점수를, 혜능에게는 A라는 점수를 준다. 왜 그랬을까? 스승의 눈에 비친 신수는 뛰어나긴 했지만 마음의 핵심에 접근하지 못했다. 반면 혜능은 비록 늦게 출가했지만 마음의 본질을 정확히 꿰뚫고 있었다. 신수를 바라보는 스승의 마음도 안타까웠을 것이다. 그러나 아닌 것은 아닌 것이다. 스승은 마침내 결단을 내린다. 자신의 법을 신수가 아닌 혜능에게 전수한 것이다. 중국 선불교의 역사가 뒤바뀌는 순간이다.

신수의 답안지도 매우 훌륭했다. 그는 우리의 마음을 밝은 거울에 비유했다. 거울에 먼지가 쌓이면 털어내듯이 우리 마음에 망념이라는 때가 앉으면 열심히 닦아서 깨끗이 해야 한다. 그렇게 열심히 닦아서 마음이 밝고 깨끗해지면, 세상을 있는 그대로 볼 수 있다는 것이다. 그러나 스승의 눈에는 그렇게 보이지 않았던 모양이다. '먼지'가 있다고 전제하는 한, 아무리 털고 닦아도 먼지는 다시 일어날 수밖에 없다. 그러니 영원히 닦을 수밖에 없지 않겠는가. 홍인이 신수를 '진리의 문 앞까지는 왔는데, 그 안으로 발을 들이지 못했다.'고 평가한 것도 바로 이 때문이다.

반면 혜능은 신수와는 확연히 다른 답안지를 제출했다. 즉 마음이라는 거울에는 본래 먼지가 없다(空)는 것이다. 그러니 닦고 털어낼 것이 무엇 있겠는가. 그는 거울에 먼지가 있다고 가정하는 것 자체가 착각이며 망상이라고 생각하였다. 마음은 본래 공한 바탕이기 때문이다. 마치 눈병이 났을 때 눈앞에 어른거리는 허공의 꽃(空華)이 실재하지 않는 것처럼 말이다. 그에게 중요한 것은 먼지 자체가 본래 공하다는 것을 확연히 깨치는 일이다. 돈오頓悟, 견성見性을 중시하는 전통이 탄생되는 순간이다.

이 답안지의 차이로 인해 신수의 전통을 '북종北宗', 혹은 '북점선北漸禪'이라 부르고, 혜능의 전통을 '남종南宗', 또는 '남돈선南頓禪'이라고 부르게 되었다. 마음에 먼지가 쌓이면 점차적으로(漸) 닦아내야 한다는 입장과 그것이 본래 공함을 일시에(頓) 깨쳐야 한다는 입장으로 양분된 것이다. 스승의 평가가 옳았는지 A학점을 받은 혜능의 남종이 중국에서 더 많은 사랑을 받아 선의 전통으로 확립된다.

신라에는 법랑法朗에 의해 처음 선이 전해졌다고 하나 자세한 기록은 남아 있지 않다. 법랑은 당나라에 가서 사조 도신四祖道信에게 공부를 하고 돌아와 제자인 신행神行에게 법을 전했다 한다. 스승의 법을 물려받은 신행 역시 당나라로 유학을 떠나 북종 계열의 보적普寂 문하에 있던 지공志空에게서 법을 받고 귀국하여 북종선을 전했다고 알려져 있다. 그러나 이 역시도 자세히 알 길이 없다. 아마 혜능 계통의 남종선이 유행하면서 자연히 관심에서 멀어진 것 아닐까 싶다.

　비록 조금 늦게 들어오지만 혜능의 남종선이 도의道義나 홍척洪陟등에 의해 소개되어 아홉 개의 산문을 중심으로 자리를 잡는다. 그리고 그바람은 한반도 불교계에 큰 영향을 끼치며 한국불교의 전통으로 굳건히 확립된다. 도의는 오늘날 대한불교조계종의 개조開祖로 추앙받고 있다.

　한국에 소개된 선 이야기를 풀어 가기 위해 혜능과 홍인의 만남을소재로 삼아 시작해 보았다. 그런데 이 만남에서 우리가 놓쳐선 안 되는 부분이 있다. 바로 혜능이 홍인에게 던졌던 질문이다. 사람에게는 남과 북이있지만, 불성에도 남과 북의 차별이 있느냐는 질문은 여전히 오늘의 우리가 당면한 문제와 연관이 깊다.

　우리는 '불자佛子'라는 이름으로 살아가면서 여전히 영남과 호남,TK와 PK라는 지역감정에서 벗어나지 못하고 있다. 우리의 불성에는 지역간에 그 어떠한 대립이나 차별도 있을 수 없다. 모두가 평등한 바탕이기 때문이다. 또한 동과 서, 남과 북은 서로가 존재할 수 있는 이유이자 근거가된다. 동 없는 서, 남 없는 북은 존재할 수 없기 때문이다. 이것이 연기緣起로 표현되는 존재의 참다운 모습이다. 서로가 미워할 것이 아니라 사랑해야 하는 이유이다.

　혜능이 오늘의 우리 모습을 본다면 엄중하게 경고하지 않을까? 마음속에 지역감정을 갖고 살아간다면 '불자'라는 명찰을 떼어 내라고 말이다. 가슴 깊이 새겨야 할 일이다.

당대의 폐불과
구산선문의 형성

당대의 폐불과 유학승들의 귀국

역사에는 수많은 아이러니가 있기 마련이다. 자신에게 찾아온 불행이 오히려 새로운 기회와 행운을 가져다주기도 하고 반대로 행운인 줄 알았는데 그것이 오히려 불행의 씨앗이 되기도 한다. 그래서 알 수 없는 게 인생이라고 하는가 보다.

불교의 역사에도 이런 일들이 종종 등장한다. 중국에서 천태종의 전통을 확립한 천태 지의는 두 번이나 되는 망국의 경험을 하게 된다. 그의 나이 20세 되던 해에는 양梁나라가 망하고, 제2의 조국인 진陳나라에서 자신의 이름을 떨칠 즈음 수隋에 의해 다시 한 번 나라를 잃는 아픔을 겪게 된다. 사랑하는 사람들을 모두 잃고 홀로 살아남은 자의 비애와 죄책감을 어찌 말로 다 할 수 있을까. 그는 절망하고 또 절망했다.

그런데 망국의 아픔은 그에게 오히려 큰 행운을 가져다주었다. 한漢의 멸망 후 중국 최초의 통일국가였던 수나라에서 전국적인 인물로 부상했던 것이다. 수양제隋煬帝는 지의를 매우 존경했으며 그를 스승으로 극진히 대접하였다. 진나라에 국한되었던 지의의 불교사상은 이제 통일국가인 수나라 전체로 알려지게 되었다. 지의의 천태사상은 이러한 역사적 배경 속에서 탄생한 것이다. 그래서일까? 그의 사상에서는 절망과 희망, 지옥과 극락, 허무와 사랑이 동시에 느껴진다.

우리나라에 들어온 선불교도 불교 탄압이라는 가슴 아픈 배경을 안고 있다. 신라 당시 많은 승려들은 선진 불교를 배우기 위해 중국으로 유학을 떠났다. 대표적인 인물이 정중 무상淨衆無相, 684~762이다. 그는 신라 33대 성덕왕聖德王의 셋째 왕자로 태어나 비교적 늦은 나이인 44세에 당나라로 유학을 떠난다. 그리고 그곳에서 중국 선불교 역사에 큰 자취를 남기고 78세의 나이로 입적하게 된다. 중국인들은 그를 오백 나한 가운데 한 분으로 모시고 존경의 대상으로 추앙할 뿐만 아니라, 그의 선사상은 저 멀리 티베트까지 전해지기도 하였다. 당시 신라의 유학승들에게 무상은 가장 닮고 싶은 인물이자 삶의 모델이었을 것이다.

그런데 당나라에서 큰 사건이 일어난다. 당나라 무종武宗은 즉위하자마자 도교를 숭상하고 불교를 말살하는 정책을 실시한다. 그는 노자가 태어난 날을 강성일降聖日, 즉 성인이 탄생한 날이라 해서 공휴일로 정하고 도교에 대한 지원을 확대한다. 반면 사찰 소유의 토지 증가에 따른 국가 경제의 황폐화와 승려들의 부패, 타락을 명분으로 내세워 불교를 탄압하기 시작한다. 841년부터 시작된 탄압은 845년까지 이어지는데, 무려 4,600여 곳의 사찰과 이에 딸린 전답을 모두 몰수하고 수십만 명의 승려를 환속시킨다. 이를 역사가들은 무종의 연호인 회창會昌의 이름을 따서 '회창의 폐불廢佛'이라 부른다.

자신이 지은 업에는 과보가 따르기 마련이다. 그래서일까? 그는 33세의 젊은 나이에 단약丹藥에 중독되어 요절하고 만다. 일설에는 환관에 의해 독살되었다고 한다. 당시는 환관들에 의해 정치가 농락되던 시절이니 그럴 수도 있을 것이다. 이 설이 맞는다면 그는 선왕인 당문종唐文宗의 전철을 밟아 환관에 의해 추대되었다가 환관에 의해 살해되는 비극을 연출한 것이다.

우리나라 역사에도 당무종의 폐불 사건과 같은 일이 있었다. 고구려 마지막 임금인 보장왕寶藏王 역시 도교를 지나치게 숭상하고 불교를 탄압하였다. 사찰을 몰수하여 도교의 사원인 도관道館으로 삼는가 하면 승려의 지위를 격하시키고 도사道士를 우대하였다. 당시의 고승으로 알려진 보덕화상普德和尙은 왕에게 국가의 사상이며 문화의 주축인 불교를 핍박하면 나라가 위태로울 것이라고 간하였으나 보장왕은 듣지 않았다. 결국 고구려는 얼마 지나지 않아 멸망하고 만다. 역사도 닮는가 보다. 당나라의 운명도 그리 오래 가지 못하고 역사 속으로 사라졌으니 말이다.

당나라의 폐불 사건으로 인해서 유학을 떠났던 많은 승려들은 귀국할 수밖에 없었다. 역사에 가정이란 없다지만 만약 회창의 폐불이 없었다면 우리의 불교는 어떻게 되었을까? 아마도 선불교와 만나기까지 더 오랜 시간을 기다려야 하지 않았을까? 이 사건이 선불교라는 보배 비(雨寶)를 가

저다주었으니 우리로서는 반가운 일인지 몰라도, 불교 전체의 역사를 생각하면 가슴 아픈 일이라 하지 않을 수 없다. 그들의 불행이 우리에겐 행운이었으니, 역사란 참으로 아이러니하다.

구산선문의 형성

유학승들이 귀국한 시기는 대체로 신라 말기에 해당된다. 이때는 정치·사회적으로 매우 혼란스러운 상황이 지속되고 있었다. 왕권을 둘러싼 끊임없는 싸움으로 중앙 정부의 권력 기반은 약화되었으며, 신라 사회의 근간을 이루고 있던 골품제는 와해되고 있었다. 또한 중앙의 통치력이 약화되면서 지방 분권화 현상은 가속되었다. 불교계도 이러한 정치적 격변에 휩쓸려 불교 본연의 모습을 잃고 타락의 길을 걷고 있었다.

새로운 불교를 배우고 돌아온 이들 역시 신라 말기 혼돈의 상황에서 자유로울 수 없었다. 그들은 신라 사회를 병들게 한 신분제도를 날카롭게 비판하였다. 출생에 의해 신분이 결정되는 골품제는 부처님의 평등 정신에 어긋나기 때문이다. 부처님은 인도의 신분제인 카스트를 비판하고 여성의 출가를 허락하는 등 혁명적인 모습을 보였다. 인간은 성별이나 출신에 관계없이 모두 불성을 갖춘 존엄하고 소중한 존재이다. 그들은 이러한 부처님의 정신을 선불교를 통해 신라 사회에 전하고자 했던 것이다. 또한 중앙 귀족과 결탁하여 타락의 길을 걷고 있던 당시의 교종教宗에 대해서도 엄중히 비판하고 불교 본연의 모습으로 돌아올 것을 강력하게 주창하였다.

그들은 신라의 수도인 경주와 멀리 떨어진 지방을 중심으로 산문을 열었다. 여기에는 중앙 권력으로부터 벗어나 독자적인 세력을 형성하고 있었던 지방 호족들의 적극적인 지원이 기반이 되었다. 이와는 달리 왕실의 지원으로 산문을 연 경우도 있다. 이러한 배경 속에서 아홉 개의 산문을 중심으로 새로운 불교운동이 전개되는데, 이를 흔히 '구산선문九山禪門'이라 부른다. 이 외에도 네다섯 군데 산문이 더 있었다 전해지고 있다. 이러한 산문들은 신라 말부터 고려 초에 이르기까지 백여 년에 걸쳐 맥을 이어 오는데, 단순히 중국의 선불교를 소개하는 차원이 아니라 새로운 시대의 이념을 제시해야 하는 시대적 과제를 안고 있었다.

　'구산선문'이라는 용어는 『고려사』에 처음으로 등장한다. 구산문에서 선을 수행하는 승려들에게도 삼 년에 한 번씩 시험을 볼 수 있도록 요청하자 이를 수락했다는 내용이다. 그 이후의 자료에도 '달마구산문達磨九山門'이나 '구산선려九山禪侶'와 같은 용어가 보이는데, 구산선문의 이름과 장소 및 개산조들을 구체적으로 밝히고 있는 문헌으로 『선문조사예참의문禪門祖師禮懺儀文』이 있다. 특이한 것은 아홉 명의 선사들과 함께 보조 국사 지눌이 예참의 대상으로 언급되어 있다는 점이다. 이는 한국 선불교의 역사에서 지눌이 차지하는 위상을 확인함과 동시에 이 저서가 지눌 이후의 것임을 알 수 있는 부분이다. 혹자는 수선사修禪社 6대인 원감 국사 충지圓鑑國師 沖止, 1226~1292의 저서로 추정하기도 한다. 이를 통해 적어도 고려 중기, 혹은 후기에는 구산선문이 한국 선불교를 대표하는 산문으로 인식되고 있음을 알 수 있다. 산문의 이름과 개산조 및 위치 등을 정리하면 옆의 표와 같다.

　표에서 보이는 것처럼 각 산문의 개조와 산문을 실질적으로 연 선사가 다른 곳이 가지산문과 사자산문, 봉림산문, 희양산문 등 네 군데나 된다. 이는 스승의 가르침을 이어받은 후대의 제자에 이르러 독립적인 산문이 열리고 본격적인 활동을 했기 때문으로 보인다. 예컨대 조계종의 종조로 추앙받는 도의 국사道義國師, 생몰년 미상가 귀국하여 진전사陣田寺로 들어간 것은 821년의 일이지만, 그가 개조로 추앙받는 가지산문은 3대 법손인 보조 체징普照體澄, 804~880에 이르러 장흥 보림사를 중심으로 독립적인 산문을 형성하게 된다. 실제 개산의 시기만을 놓고 본다면 828년 남원 실상사에서 산문을 연 실상산문이 최초라 할 것이다.

산문	위치	개조(실제 개산조)
가지산문	장흥 보림사	도의(체징)
실상산문	남원 실상사	홍척
동리산문	곡성 태안사	혜철
성주산문	보령 성주사(사지)	무염
사굴산문	강릉 굴산사(사지)	범일
사자산문	영월 흥녕사(현 법흥사)	도윤(절중)
봉림산문	창원 봉림사(사지)	현욱(심희)
희양산문	문경 봉암사	도헌(긍양)
수미산문	해주 광조사(사지)	이엄

$\underline{1}$

가
지
산 迦智山門
문

가지산문 법맥도

마조 도일	서당 지장	도의	염거	체징
馬祖道一	西堂智藏	道義	廉居	體澄
709~788	735~814	생몰년 미상	미상~844	804~880
중국 선종	중국 선종			

● 개산조
○ 실제 개산

기억을 확인하기 위해 인터넷으로 검색을 해 보았더니 1992년의 일이었다. 서태지와 아이들이 등장한 해가 말이다. 그때 어느 텔레비전 프로그램에 처음 나와 당시 내로라하는 유명 작곡가와 작사가, 가수, 문화평론가 앞에서 자신들이 만든 노래를 부르고 평가를 받았다. 새로운 스타일의 노래를 듣고 전문가들은 혹평을 하였다. 서태지와 아이들이 〈난 알아요〉라는 노래를 부르고 받은 점수는 C였다.

당시 가요계의 주류들도 어리둥절했을 것이다. 젊은 친구들이 프로그램에 나와 춤을 추면서 노래를 하는데, 한국에서는 생소한 랩이 주를 이루고 있었기 때문이다. 그들은 기존의 방식대로 평가할 수밖에 없었다. 멜로디 라인이 약하다느니, 가사에 신경을 써야 한다느니 하는 방식 말이다. 그들의 평가가 시대의 변화와 대중들의 기호를 읽지 못했음을 보여 주는 데는 그리 오랜 시간이 걸리지 않았다. 대중들은 그들의 음악에 열광했고, 서태지와 아이들은 새로운 시대를 이끌어 가는 문화 아이콘이 되었다. 그리고 그들은 전설이 되었다.

처음 선불교가 신라에 소개되었을 때도 이와 유사했던 것 같다. 당시 신라불교의 주류였던 화엄이나 유식唯識과 같은 교학불교는 선불교를 '악마의 말(魔語)'이라고 비난했다. 경전을 읽고 체계적으로 수행을 하는 그들에게 기존의 교학 체계를 부정하고 오직 '마음' 하나로 모든 것을 풀어내는 선불교는 수용하기 힘들었을 것이다. 그러나 대중들은 새로운 불교에 열광했고 오늘날 한국불교의 전통으로 자리 잡게 되었다. 당시 선불교는 신라불교계의 서태지와 아이들이었던 셈이다.

신라불교계에 서태지 역할을 한 인물은 조계종의 종조로 추앙받는 도의이다. 그의 생애를 살펴볼 수 있는 자료로『조당집祖堂集』에 기록된 도의의 전기와 몇몇 선사들의 비문 등이 있다.『조당집』에 도의의 생애를 소개하면서 '나머지는 비문의 기록과 같다(餘如碑文).'고 쓰여 있는 것을 보면, 지금은 남아 있지 않지만 당시에는 도의의 비문이 전해지고 있었던 것 같다. 비문이 남아 있다면 그의 생애와 사상을 좀 더 정확히 알 수 있을 텐데 아쉬울 뿐이다.

그의 탄생과 관련된 재미있는 이야기가 전해진다. 그의 부친은 흰 무지개가 방으로 들어오는 꿈을, 모친은 어느 스님과 잠자리를 하는 꿈을 꾸고 나서 도의를 가지게 되었다는 것이다. 그런데 태기가 있은 지 39개월 만에 도의를 낳았다고 한다. 물론 의학적으로 39개월이 걸린다는 것은 불가능한 일이다. 도의의 전기를 쓴 작가가 39개월이라고 한 데는 상징적 의미가 있을 텐데 그 행간을 읽어내기가 어렵다.

그의 성은 왕씨王氏이며 지금의 서울인 북한군北漢郡 사람이라 전해진다. 언제 출가했는지는 알려져 있지 않으나, '명적明寂'이라는 이름으로 활동했다 한다. 신라 당시 선진 불교를 공부하기 위해 당나라로 유학을 떠난 승려들이 많았는데, 도의도 성덕왕 5년784 당나라로 들어가는 신라의 사신들과 함께 기나긴 유학의 길, 아니 구법의 길을 떠난다. 그곳에서 그는 37년이라는 긴 시간을 보낸다.

그가 당나라에 도착해서 제일 먼저 찾은 곳은 다름 아닌 오대산이었다. 오대산은 문수보살의 성지로 널리 알려져 있다. 신라 화엄종 승려들이 중국에 가면 가장 먼저 참배하는 곳이다. 『화엄경』에서 문수보살은 화엄종의 주불인 비로자나불의 협시보살로 등장하고 있으니 이는 당연한 일일 것이다. 이곳을 제일 먼저 찾은 것은 그가 신라에서 화엄종 승려로 활동했기 때문이 아닐까 싶다. 그곳에서 도의는 간절히 기도한 끝에 문수보살의 감응을 받는다. 그때 허공에서 성스러운 종소리가 울렸고 신비로운 새들이 날아들었다 한다.

이후 그는 여러 지역을 유람하다가 광부廣府 보단사寶檀寺에서 구족계를 받는다. 그리고 조계산으로 가서 육조 혜능의 조사당을 참배하게 된다. 이때의 일을 『조당집』에서는 '조사당에서 참배를 드리려 하는데, 갑자기 문이 저절로 열렸고 삼배를 올리고 나니 문이 저절로 닫혔다.'고 전한다. 이는 도의가 혜능의 선을 마음속으로 받아들인 일을 상징적으로 표현한 것으로 보인다.

도의가 혜능의 남종선을 받아들였다면, 이제 할 일은 분명해진다.

바로 참스승을 찾는 일이다. 당시 중국에는 마조 도일의 법을 이은 두 명의 걸출한 인물이 있었다. 서당 지장西堂智藏, 735~814과 백장 회해百丈懷海, 720 혹은 749~814가 바로 그들이다. 도의는 먼저 서당을 찾아가 그동안 마음속에 품고 있던 여러 의문들을 풀어놓는다. 구법을 향한 제자의 간절함에 스승은 아낌없는 가르침을 베풀고 마침내 도의는 모든 의심을 풀곤 마음의 눈을 뜨게 된다. 마치 막혔던 체증이 내려가는 듯했다. 이를 본 스승은 얼마나 기뻤을까? 그 순간을 『조당집』에서는 이렇게 전하고 있다.

> 마치 돌 더미에서 아름다운 옥玉을 얻고, 조개껍질에서 진주를 찾은 것과 같구나. 진실로 법을 전한다면, 이 사람 말고 누가 있겠는가.

예나 지금이나 공부 잘하는 제자를 바라보는 스승의 마음은 같은가 보다. 이때 스승에게서 인가를 받고 얻은 이름이 바로 도의道義이다. 교종 승려 명적에서 선종 승려 도의로 다시 태어난 것이다.

도의가 다음으로 찾아간 곳은 백장 회해가 머물고 있던 백장사였다. 그는 『백장청규百丈淸規』를 만들어 승가의 올바른 방향을 제시한 인물이다. '하루 일하지 않으면 하루 먹지 않는다.'는 규칙을 만들어 이른바 선농일치禪農一致의 전통을 세우기도 하였다. 도의는 이곳에 머물면서 백장의 가르침을 받게 된다. 전기에 따르면 스승인 서당을 모시듯이 백장을 정성으로 모셨다고 한다. 인상적인 것은 백장이 신라에서 건너온 승려들의 구도 열을 몹시 부러워했다는 사실이다. 전기는 이렇게 전한다.

강서江西의 선맥이 모두 동국으로 돌아가는구나.

즉 마조의 선맥이 도의를 비롯한 신라에서 온 구법승에게 넘어간다는 일종의 탄식이라 할 수 있다. 실제로 실상산문을 연 홍척이나 동리산문을 연 혜철惠哲 등도 서당으로부터 인가를 받고 돌아왔으니 백장의 탄식이 무리는 아닌 듯싶다.

도의가 당나라 유학을 마치고 신라로 돌아온 것은 821년의 일이다. 교종 승려로 떠났다가 선종 승려가 되어 돌아온 것이다. 떠나기 전 그는 신라불교계의 주류에 속했지만, 이젠 그렇지 않다. 새로운 불교를 기존 불교계에 소개해야 할 입장이 되었던 것이다. 비주류로서 말이다.

새로운 길을 가는 사람은 늘 외롭기 마련이다. 기존의 방식에 익숙한 사람들이 새로운 문화를 쉽게 수용할 수 없기 때문이다. 그래서 때로는 쉽지 않은 그 길을 혼자서 가야 한다. 그러나 그 길이 틀리지 않다면, 아니 오히려 사람들에게 더 좋고 의미 있는 길을 열어줄 수 있다면 언젠가는 사랑받기 마련이다. 역사가 그렇다.

중국에서 배운 선법을 신라에 소개했을 때 도의는 교종으로부터 혹독한 비판에 직면해야 했다. 주류들에게 도의의 말은 악마의 속삭임으로 들렸다. 그들은 새로운 불교를 전혀 이해할 수 없었던 것이다. 기존의 방식에 젖어 있는 그들에게 억지로 선불교를 이해시키려고 하는 것은 일종의 오만이다. 이때 제일 좋은 방법은 그들이 마음으로 받아들일 때까지 기다리는 것이다. 시절인연이라 하지 않았는가.

도의가 당시 교학불교에 던진 메시지는 분명했다. 아무리 오랫동안

경전을 읽고 외울지라도 마음을 깨치는 데는 헤아릴 수 없는 세월이 흐르고 또한 그렇게 해서는 실제 깨치기도 어렵다는 것이다. 유식불교唯識佛教에서도 궁극적 깨달음의 경지인 구경위究竟位에 이르는 데 삼아승지겁의 시간이 걸린다고 한다. 이 무한한 시간 앞에서 인간은 무력감을 느끼지 않을 수 없을 것이다.

또한 교종의 수많은 방편들에 우리의 시선이 머무는 한 결코 깨달음에 이를 수 없다. 달을 가리키는 손가락에서 우리의 시선을 돌려 직접 달을 보아야 한다는 것이다. 방편이 아무리 소중하다 해도 그것마저 버릴 수 있어야 한다는 것이 부처님의 가르침 아니던가. '뗏목을 버려야 한다.'는 부처님의 메시지가 선에 의해 재해석되어 신라 땅에 울려 퍼진 것이다.

그러나 앞서 이야기한 대로 당시의 불교계는 도의의 말을 진정성 있게 들으려 하지 않았다. 때를 기다릴 수밖에 없었다. 그는 설악산 진전사로 숨어 버렸다. 문득 중국에 선불교를 전한 달마가 떠오른다. 그도 시절인연을 기다리며 숭산 소림사로 숨지 않았던가.

보석은 어디에 있더라도 빛나기 마련이다. 달마가 전한 선은 혜가를 비롯하여 승찬, 도신, 홍인, 혜능으로 이어져 중국 전체를 환하게 밝혀 주었다. 도의가 전한 선도 우리나라를 환하게 밝혀 줄 시절인연을 기다리고 있었다. 그리고 인연들이 모여서 마침내 한국 선불교의 전통을 확립한 가지산문을 활짝 열었다.

양양 진전사지
(강원도 기념물 제52호. 정면으로 보이는 석탑은 국보 제122호로 지정된 양양 진전사지 삼층석탑이다.)

가
지
산
문

무념의 신비

살다보면 마음속이 무언가로 가득 차서 답답할 때가 있다. 그것은 사람과의 관계에서 받은 상처나 미움, 원망일 수도 있고 일이 잘 풀리지 않아 생기는 스트레스일 수도 있다. 그럴 때 우리는 종종 산을 찾게 된다. 산을 오르면서 답답한 마음을 풀고 복잡한 생각들을 정리해 보자는 것이다.

처음에는 천천히 걸으면서 자신을 힘들게 만든 상황들을 떠올리고 어떻게 정리할까를 곰곰이 생각한다. 그러나 오르막길이 나오면 상황은 달라진다. 이마에는 땀방울이 맺히고 숨은 가빠지기 시작한다. 그럴 때면 무언가를 정리해야겠다는 생각 자체가 사라진다. 힘들어 죽겠는데 무슨 생각이 나겠는가. 그렇게 정상에 오르고 나면 왠지 모를 시원함이 밀려오고 마음속에 가득했던 갖가지 잡념들이 사라져 텅 빈 느낌을 받는다. 올라올 때는 보이지 않았던 것들도 분명하게 보이고, 마음속 생각들이 정리되기 시작한다. 그럴 때면 내려오는 발걸음이 그렇게 가벼울 수가 없다.

참으로 신비한 일이다. 그저 땀 흘리면서 올랐을 뿐인데, 생각이 정리되었으니 말이다. 그 비밀은 어디에 있을까? 바로 무념無念에 있다. 산을 오르면서 내 마음이 자연스럽게 텅 비워졌던 것이다. 그 텅 빈 바탕에는 본래 미움이나 원망, 서운함 같은 온갖 망념이 없다. 청정한 바탕에서 지금 내가 처한 상황을 바라보니 대상에 물들지 않고 있는 그대로 볼 수 있는 것이다. 그때 우리는 '별일 아닌데, 내 마음이 지랄을 했구나.' 하는 자기 고백을 하면서 가볍게 미소 지을 수 있다. 이것은 마치 108배를 몇 번 하고 나면 마음이 맑아지는 것과 같은 이치라 할 것이다. 절을 하면서 내 마음 역시 무념이 되기 때문이다. 무념이 가져다준 신비하고도 놀라운 힘. 그래서 산행은 수행이 아닌가 싶을 때가 있다.

이 무념이 도의의 선을 이해하는 첫 번째 키워드다. 무념을 종지로 삼은(無念爲宗) 이가 바로 육조 혜능인데, 그 전통이 마조와 서당을 거치고 도의에게로 이어져 우리 땅에 전해진 것이다.

도의의 선사상을 전하는 기록으로는 『선문보장록禪門寶藏錄』이 유일한데, 거기에는 당시 화엄종의 승통僧統인 지원智遠과의 대화가 수록되어 있다. 승통은 화엄종의 최고 어른에 해당되니, 화엄종 대표와 선종 대표가 불꽃 튀는 진리의 향연을 벌인 것이다. 여기에는 지원이 질문을 하고 도의가 대답하는 것으로 되어 있으나, 그 역사적 진실 여부는 알 길이 없다. 그러나 이를 통해 교학불교를 바라보는 도의의 시선과 그의 선사상을 조금

양양 진전사지 도의선사탑(보물 제439호)

이나마 엿볼 수 있다.

　이 대화를 보면 도의의 선사상은 무념과 무수無修를 기본으로 하고 있음을 알 수 있다. 무념은 혜능을 위주로 한 남종선의 사상으로서 우리 마음의 본바탕에는 일체의 분별심이나 망념 등이 없다는 것을 의미한다. 즉 우리의 마음은 본래 오염되지 않는 청정한 바탕이라는 것이다. 그런 바탕으로 돌아가는 것이 곧 돈오, 견성이며 가장 사람다운 삶, 즉 부처의 삶이라 할 것이다. 그래서 그 본래의 바탕에 돌아가는 일이 무엇보다도 중요하다고 도의는 강조한다.

　주위를 보면 건강한데도 불구하고 약을 남용하는 사람들이 있다. 언제 아플지 모르니 미리 대비해야 한다는 생각에서 그러는 것 같다. 그런데 아무리 좋은 약이라도 지나치게 복용하면 몸에 내성이 생기기 마련이다. 결국 정작 몸이 아플 때는 약을 먹어도 잘 낫지 않기 때문에 더 많은 약을 복용해야 한다. 그들은 '병이 없으면 약은 필요 없다.'는 사실을 간과하고 있는 것이다. 약은 아플 때 먹는 것이지 건강할 때 먹는 것이 아니다. 그리고 약을 먹고 건강을 회복했으면 더 이상 약은 필요 없는 것이다.

　도의가 강조한 무념은 바로 우리의 마음은 그 어떤 병도 없는 건강한 상태이니, 아플 것을 미리 걱정하여 망념을 치유하는 약을 남용하지 말라는 것이다. 이것은 마치 거울에 때가 앉을 것을 걱정하여 매일같이 닦는 것과 같다고 할 수 있다. 도의는 마음이라는 거울엔 본래 청정하여 때가 없다는 무념의 신비를 우리에게 전하고 있는 것이다.

무수에 대하여

전남 장흥에 위치한 보림사寶林寺는 가지산문의 중심 사찰이다. 이곳에 가 보면 방문객들을 위한 아담한 쉼터가 자리하고 있는데, 그 정자에는 추사 김정희의 서체로 보이는 '유각무수有覺無修'라고 쓰인 편액이 걸려 있다. 글씨 옆에는 '완당阮堂'이라는 김정희의 호가 분명하게 보인다. 확인해 보니 한국전쟁 때 소실된 보림사를 복원하는 데 참여했던 어떤 분이 우연히 추사의 복사본을 보고 서각했다고 한다. '깨달음은 있고 닦음은 없다.'는 글귀를 보고 있으면 이곳 보림사와 도의의 선사상이 묘하게 조화를 이루는 듯하다.

이 무수가 도의의 선사상을 이해하는 두 번째 키워드이다. 이 말은 닦음이 필요 없다는 의미가 아니다. 앞서 혜능과 신수의 이야기에서 살펴본 바와 같이 신수는 거울에 먼지가 있는 것처럼 우리의 마음에도 망념이 쌓여 있기 때문에 그것을 닦아내야 한다고 했다. 반면 혜능은 우리의 마음엔 본래 먼지가 없기 때문에 닦을 것이 없다고 하였다. 중요한 것은 망념을 실체시하여 닦는 것이 아니라, 본래 공한 마음의 참모습을 깨치는 데 있다는 것이다.

즉각적인 깨침(頓悟)을 강조하는 남종선의 전통에서 무수를 강조하는 것은 지극히 당연한 일이다. 도의는 이런 무수의 전통을 신라에 소개하였다. 그러나 당시의 교학불교에서 이를 쉽게 이해할 수 있었을까? 당연히 아닐 것이다. 교학에서는 깨달음에 도달하기 위한 수행의 단계를 체계적으로 수립하고 이를 지침으로 삼아 수행하기 때문이다. 예를 들어 유식에서는 수행의 단계를 자량위資糧位, 가행위加行位, 통달위通達位, 수습위修習位, 구경위 등의 다섯 단계로 설명하고, 화엄에서도 십신十信, 십주十住, 십행十行, 십회향十廻向, 십지十地 등 50단계와 등각等覺, 묘각妙覺을 합쳐 52가지 단계로 설명한다. 이런 상황에서 자신들이 의지하는 수행 체계가 모두 필요 없다는 말을 받아들일 수는 없었을 것이다.

그런데 각각의 단계를 밟아 깨달음에 이르기까지는 무수히 많은 시간을 필요로 한다. 예를 들어 유식에서는 통달위까지 일一아승지겁, 다시 구경위에 이르기까지 이二아승지겁의 시간이 걸린다고 한다. 성불하기까지 총 삼아승지겁의 시간이 걸리는 셈이다. 이것은 무엇을 의미하는가? 결국 현생에서는 성불할 수 없다는 말과 같다. 이런 상황에서 할 수 있는 것은 끊임없이 닦는 일밖에 없다.

여기서 우리는 깨달음을 바라보는 두 가지 시선을 읽을 수 있다. 하나는 당시의 교학 체계처럼 도달하기 힘든 깨달음을 목표로 설정해 놓고 이를 향해 끊임없이 나아가야 한다는 시선이다. 이것은 마치 계단이 수천억 개나 되는 사다리를 만들어 놓고, 일 년에 한 계단씩 오르면 정상에 있는 깨달음의 사과를 먹을 수 있다고 말하는 것과 같다. 그 사다리 앞에서 무력감을 느끼는 것은 어쩌면 당연한 일일 것이다. 아무리 오래 산다 해도 금생에서는 도달할 수 없기 때문이다. 당시 교종의 승려들이 '나는 안 될 거야.' 하면서 '스스로를 낮추는 마음(自屈心)'을 냈던 이유이기도 하다.

또 다른 하나는 깨달음이란 목표가 그렇게 멀리 있지 않다고 보는 선의 시선이다. 왜냐하면 내 마음이 본래 부처이고, 공이기 때문이다. 이런 전통에서 중요한 것은 저 멀리 보이지도 않는 정상을 향해서 발걸음을 옮

기는 것이 아니라, 수천억 개의 사다리를 한 방에 걷어치우는 일이다. 깨달음이라는 사과는 저 높은 곳에 있는 것이 아니라 바로 내 안에 있기 때문이다. '마음이 곧 부처(心卽佛)'라는 것은 이를 두고 하는 말이다. 선의 파격성과 시원함이 묻어나는 부분이다.

　　이러한 무념무수의 사상은 자칫 닦음을 소홀히 하는 것으로 비춰질 수 있다. 그러나 도의가 부정했던 것은 내 마음이 오염됐을까를 걱정해서 행하는 닦음이다. 마치 병이 생길 것을 걱정해서 약을 남용하는 것처럼 말이다. 중요한 것은 우리의 마음이 본래 청정하다는 실상을 분명히 깨치는 일이다. 그 다음은 보배의 숲(寶林)에서 그 마음을 잃지 않도록 잘 간직하는 일이 될 것이다. 도의의 사상은 이것이 참다운 닦음(眞修)이며 부처의 삶이라는 데에 있다.

　　그러고 보면 가지산문의 중심 사찰인 보림사는 장흥에만 있는 게 아닌 듯하다. 우리 안에 이미 부처라는 보배가 갖추어져 있으니 말이다. 내가 서 있는 모든 곳이 바로 보배의 숲인 것이다. 도의는 이러한 삶의 진실을 우리에게 전하고 있다.

진전사에서 억성사를 거쳐 보림사로

인기 프로그램인 〈1박2일〉에 소개되면서 더욱 유명해진 장흥 지역의 음식이 있다. 바로 한우와 키조개, 표고버섯을 함께 먹는 삼합이 그것이다. 서로 다른 세 가지 음식을 절인 깻잎에 싸서 먹으면 그 맛이 매우 독특하다. 장흥 삼합을 먹으면서 문득 가지산문을 낳았던 세 곳의 사찰과 인물이 떠올랐다. 진전사의 도의와 억성사億聖寺의 염거, 보림사의 체징이 그 주인공들이다. 서로 다른 곳에서 활동했던 스승과 제자가 가지산문이라는 깻잎 속에 어우러져 우리에게 보여 주었던 독특한 맛, 그 인문 정신은 무엇일까?

중국에서 유학을 마치고 귀국한 도의는 신라의 수도인 경주에 들어

(전)원주 흥법사지 염거화상탑
(국보 제104호, 현재 국립중앙박물관에 옮겨져 있다.)

가지 않고 설악산 진전사에서 은거한다. 이는 선사상을 받아들이지 못했던 당시 불교계의 상황과 822년 김헌창金憲昌의 난으로 인한 혼란스런 정치적 상황이 복합적으로 작용했기 때문인 듯싶다. 도의가 진전사에 머물면서 사세는 상당히 번창했으며, 그곳에 찾아와 선을 공부하는 제자들도 점점 늘어났다. 이곳에서 도의는 가지산문의 모태라 할 수 있는 설악산문을 열고 활동한 셈이다. 이때 그의 제자인 염거廉居, 미상~844를 만나 법을 전해 준다. 그리고 법을 전수받은 염거는 억성사로 자리를 옮기는데, 이곳에서 다시 보조 체징에게 스승으로부터 받은 법을 전해 준다. 억성사는 강원도 양양군에 있는 선림원지禪林院址로 추정되고 있다.

이후 체징은 당나라에 들어가 여러 선지식을 만나 보았으나 스승의 가르침과 다름이 없음을 확인하고 삼 년 만에 귀국한다. 신라로 돌아온 그는 칠갑산 장곡사長谷寺에 머물다가 무진주의 황학사黃壑寺로 몸을 옮긴다. 체징이 장곡사에 있을 때는 이미 낭혜 무염郎慧無染, 801~888의 성주산문聖住山門이 활동을 하고 있었으므로 그 영향력에 밀려 무진주로 몸을 옮긴 것 같다. 그런데 황학사에서 그는 스승의 가르침을 펼칠 수 있는 새로운 전기를 맞게 된다. 신라 제47대 임금인 헌안왕憲安王은 체징을 서울로 오도록 요청했으나 이를 사양하자 장흥 보림사에 머물 것을 청하고 또한 많은 지원을 아끼지 않는다. 이를 계기로 체징은 가지산문을 활짝 열고 본격적으로 활동을 시작하게 된다. 헌안왕은 역사 드라마에 자주 등장하는 궁예의 아버지로 알려진 인물이다.

왕실에서 체징을 지원한 이유는 당시 이 지역의 정치적 상황과 관련이 깊은 듯하다. 지금의 광주 일대인 무진주는 중앙으로부터 벗어나 독자적인 세력을 형성하고 있었기 때문에 왕실과 그리 우호적이지 않았다. 따라서 왕실에서는 이 지역을 견제하는 한편 이들과의 화합을 모색할 필요가 있었다. 이에 중앙에서는 무진주 지역에 위치한 체징의 가지산문을 지원함으로써 그 목적을 이루려고 했던 것이다. 요즘으로 본다면 여당의 중앙정부가 야당의 지방정부와 화합을 도모하려는 움직임이라 할 것이다.

그런데 이때는 이미 실상사를 중심으로 한 실상산문實相山門과 태안사를 중심으로 한 동리산문桐裏山門이 활동을 하던 시기였다. 아무리 중앙의 지원이 있다 하더라도 이들보다 뒤늦게 출발한 입장에서 체징은 누구보다 열심히 활동을 해야만 했다. 그러한 노력으로 체징 주위에는 많은 제자들이 모여들었는데, 그 수가 무려 800여 명에 이르렀다 한다. 무엇보다도 그는 가지산문을 한국 선불교의 메카로 확립하기 위한 명분이 필요했다. 그는 도의를 가지산문의 초조로 삼고 염거를 이二조로, 그리고 자신이 스승의 법을 이어받은 삼三조임을 대내외에 공표하기에 이른다. 이러한 노력은 체징의 입적 이후 더욱 빛을 발하게 되는데, 왕실에서 사호를 '보림사'라고 내려준 것이다. 그 이전까지 이곳의 사명은 '가지산사'였다. 보림사는 혜능이 머물면서 선을 꽃피우던 중국선의 총본산이 아니던가. 이제 장흥 보림사는 혜능의 남종선을 계승한 한국 선종의 메카로서 그 위상이 한층 높아졌으며, 이곳에서 도의와 염거, 체징은 가지산문이라는 깻잎 속에서 하나로 만나게 된 것이다.

장흥 보림사 보조선사탑(보물 제157호)

장흥 보림사 철조비로자나불좌상(국보 제117호)

가지산문에서 피어난 인문 정신

구산선문과 관련된 사찰에는 불상이나 부도, 당간지주 등을 비롯한 수많은 국보와 보물들이 남아 있다. 이를 통해 구산선문이 전한 선사상뿐만 아니라 당대의 예술 정신을 함께 느낄 수 있다. 보림사에도 국보 제44호인 삼층석탑과 석등을 비롯해서 여러 유물들이 남아 있다. 그중에서도 단연 돋보이는 것은 국보 제117호로 지정된 철조비로자나불좌상이라 할 것이다. 그런데 왜 불상을 동으로 만들지 않고 제조하기 힘든 철로 만들었을까? 철은 동에 비해 녹는점도 높고 온도가 내려가면 금방 굳어 버리기 때문에 섬세하게 표현하는 데 한계가 있다. 또한 철은 표면이 다른 재질에 비해 매우 거칠다. 보림사의 철불이 동으로 만든 불상에 비해 투박하게 느껴지는 이유도 여기에 있지 않나 싶다.

철로 만든 불상이 유행한 것은 신라 말에서 고려 초까지 비교적 짧은 시기였다고 한다. 한때 인기를 모았던 드라마 〈해신〉의 주인공 장보고는 해상 왕이라 불릴 만큼 중국과의 해상 무역을 주도하고 있었다. 그런데 그가 사망하고 당나라에서는 회창의 폐불 사건이 일어났다. 그러면서 중국과의 교역이 원활하게 이루어지지 못하자 동의 공급도 이전에 비해 훨씬 줄어들게 되었다. 마침 당나라에서는 철로 만든 불상이 유행했기 때문에 유학승들은 철불을 낯설어 하지 않았다. 이런 요인들이 작용하면서 부족한 동을 대신해 철로 불상을 제조하는 것이 자연스레 유행하였으며, 보림사의 비로자나불도 이런 시대적 배경 속에서 탄생된다.

그런데 선종 사찰에서 화엄종의 주불인 비로자나불을 모신다는 것이 어찌 보면 어울리지 않을 수 있다. 보림사뿐만 아니라 구산선문과 관련된 사찰을 답사하다 보면 화엄의 흔적을 많이 엿볼 수 있다. 이것은 화엄과 경쟁 관계를 유지하면서도 한편으론 선과 교教의 공존을 모색하려는 모습으로 이해된다. 물론 화엄종 사찰을 선종의 산문에서 흡수한 측면도 있지만, 사상적으로 회통會通하려는 경향도 함께 보인다는 것이다. 이곳이 보배의 숲인데, 만나서(會) 통하지(通) 못할 것이 무엇이겠는가.

선과 화엄을 삼각형으로 비유하면 정삼각형과 직각삼각형으로 말할 수 있지 않을까 싶다. 두 삼각형은 외형적으로 세 변과 각의 길이 및 크기, 비율 등의 차이를 보이지만, 둘 다 각이 셋이며 내각의 합이 180도인 삼각형의 본질은 변하지 않는다. 선과 화엄도 교리나 소의경전, 수행 방법 등의 차이를 보이지만, 그것이 삼각형과 사각형처럼 본질적으로 다른 것은 아니다. 그렇다면 선과 화엄이 정삼각형과 직각삼각형처럼 서로 공유하고 있는 본질은 무엇일까?

대개 인간은 이성이나 사회성, 정치성, 종교성 등에서 다른 동물들과 구별되는 본질을 찾으려고 하였다. 인간을 사회적 동물이나 혹은 이성적 존재라고 정의하는 이유이기도 하다. 선불교에서는 인간의 본질을 부처라고 규정한다. 이는 선불교에서 결코 양보할 수 없는 자기 정체성이라 할 수 있다. 특히 선은 부처가 될 수 있는 가능성(佛性)을 뛰어넘어 이미 모두가 부처라는 대전제에서 출발한다. 다만 그 본바탕이 탐내고 성내고 어리석은 실존에 가려 있기 때문에, 그 본질을 발견하는 것(見性)이 중요하다고 선에서는 강조하는 것이다. 화엄 역시 인간을 포함한 전 세계가 불성의 현현이라고 하지 않는가. 화엄에서 아름다운 눈으로 세계를 바라보는 이유이기도 하다. 둘 다 '본래 부처'라는 데서 인간의 본질을 찾고 있는 것이다. 이처럼 인간의 존엄성을 강조하는 사상도 없을 것이다.

　도의와 염거, 체징이 가지산문으로 만나서 전하고자 했던 인문 정신은 바로 이러한 인간의 본질을 회복해야 한다는 것이었다. 비록 본래 부처인 본질과 그렇게 살지 못하고 있는 실존 사이에는 간극이 있지만, 본질을 회복하기만 한다면 얼마든지 그 간극을 극복하고 부처답게 살 수 있다는 것이다. 그러기 위해서는 자본과 물질에 주인 자리를 내어 주고 노예처럼 살고 있는 오늘의 우리 모습(實存)을 솔직하게 돌이켜보아야 한다. 즉 얼굴을 덮고 있는 가면(persona)을 벗어던지고 자신을 있는 그대로 성찰해야 한다는 것이다. 본래 부처로의 회복은 이로부터 시작된다 할 것이다. 가지산문이 전한 선은 자본과 물질의 눈치를 보지 않고 솔직하고 당당한 부처로 살기 위한 자기 성찰학이자 인간 회복학이다.

　장흥 기행을 마치고 집으로 돌아가려 하는데 초등학생으로 보이는 한 여자 아이가 손을 흔들면서 자기 집까지 데려다 줄 수 없느냐고 물었다. 무섭지 않느냐고 했더니 그럴 사람 같지 않아 보여서 손을 흔들었다 한다. 나도 모르게 피식 웃음이 나왔다. 어린아이가 지나가는 자동차를 향해 손을 흔들어도 마음 놓을 수 있는 세상, 그 아이를 부처님 모시듯 태워 줄 수 있는 세상, 가지산문이 꿈꾸었던 사람 사는 세상은 이런 곳이 아니었을까?

답.사.노.트.
가지산문의 흔적을 찾아서

⌗
사찰 및 사지

양양 진전사지

강원도 양양군 강현면 화채봉길 368.
우리나라에 최초로 선불교를 들여 온
도의 선사가 창건한 진전사의 절터이다.
진전사가 언제 폐사되었는지는 알
수 없으나 조선 초 이후 폐불 정책
때문으로 추측된다. 이곳에는 국보
제122호로 지정되어 있는 진전사지
삼층석탑과 보물 제439호로 지정된
도의선사탑이 자리하고 있다.
진전사지는 강원도 기념물 제52호로
지정되어 있다.

원주 홍법사지

강원도 원주시 지정면 안창리 517-2.
신라 때 창건된 것으로 알려진
홍법사는 임진왜란 당시 폐사된 것으로
추측된다. 이곳은 가지산문 2조인 염거
화상의 사리탑이 자리해 있었다고
하나 과거 서울로 옮겨져 현재는
국립중앙박물관에서 관리하고 있다.
현재 홍법사지에는 보물 제463호인
진공대사탑비, 보물 제464호인
홍법사지 삼층석탑이 자리하고 있다.
홍법사지는 강원도 문화재자료
제45호로 지정되어 있다.

장흥 보림사

전라남도 장흥군 유치면 보림사로 224.
원표가 세운 암자에 신라 헌안왕의
권유로 체징이 창건하여 가지산문의
중심 사찰이 되었다. 인도 가지산
보림사와 중국 가지산 보림사와 함께
3보림이라 일컬어졌다고 한다. 경내에는
국보 제44호인 삼층석탑 및 석등, 국보
제117호인 철조비로자나불좌상, 보물
제155호인 동 승탑, 보물 제156호인 서
승탑, 각각 보물 제157, 158호로 지정된
보조선사탑 및 탑비 등이 있다.

원주 홍법사지(ⓒ문화재청)

동제염거화상탑지 (ⓒ문화재청)

✿

유물 및 문화재

양양 진전사지 도의선사탑

강원도 양양군 강현면 화채봉길 368.
진전사지 내 작은 언덕 위에 서 있는
탑으로, 진전사 창건주이자 가지산문
초조인 도의의 묘탑으로 알려져 있다.
세워진 시기는 9세기 중반쯤으로 추측하고
있다. 보물 제439호로 지정되어 있다.

장흥 보림사 보조선사탑

전라남도 장흥군 유치면 보림사로 224.
보림사 경내 위치한 승탑으로 가지산문의
문을 연 체징의 사리탑이다. 이 탑은
체징이 입적한 880년경 세워진 것으로
일제 시대 사리구를 도둑맞아 쓰러졌던
것을 복원해 현재 일부분 손상되어 있다.
보물 제157호로 지정되어 있다.

장흥 보림사 보조선사탑비

전라남도 장흥군 유치면
보림사로 224. 보림사에 위치한
체징의 탑비로 비신에 체징에 대한
기록이 새겨져 있다. 884년 세워진
이 비는 보물 제158호로 지정되어
있다.

동제염거화상탑지

강원도 춘천시 우석로 70 국립춘천박물관.
얇은 동판에 새겨진 몇 줄의 명문에는
염거의 행적이 밝혀져 있으며,
염거화상탑의 축조 시기를 규명한
결정적인 자료라는 점에서 의미 있는
유물이다. 보물 제1871호로 지정되어 있다.

(전)원주 흥법사지 염거화상탑

서울특별시 용산구 서빙고로 137
국립중앙박물관. 가지산문 2조 염거의
사리탑이다. 원주 흥법사지에 있었던
것으로 추측되는 이 탑은 일제에 의해 서울
탑골공원으로 옮겨졌으나 이후 경복궁에
세워졌고, 현재는 국립중앙박물관으로
옮겨 관리하고 있다. 탑을
경복궁으로 옮길 당시 안에서
탑지가 발견되었는데 이를 통해
탑이 축조된 시기가 844년임을
알게 되었다. 국보 제104호로
지정되어 있다.

장흥 보림사 보조선사탑비

$\underline{2}$

실
상
산
문

賓相山門

실상산문 법맥도

마조 도일	서당 지장	홍척	수철
馬祖道一	西堂智藏	洪陟	秀澈
709~788	735~814	생몰년 미상	817~893

중국 선종　　　중국 선종

● 개산조
○ 실제 개산

참새가 어찌 대붕의 뜻을 알리요

1983년 불교계를 분노케 하는 사건이 일어났다. 당시 정부에서 추진하던 함양댐 건설 계획으로 인해 남원 실상사實相寺가 수몰 위기에 처했기 때문이다. 전국에 있는 스님들뿐만 아니라 재가불자, 언론, 문화계에 종사하는 사람들까지 모두 이 계획에 반대하고 나섰다. 국민들도 이에 동참하여 서명운동을 벌이기도 하였다. 이러한 노력 끝에 댐 건설 계획은 철회되었지만, 문화재를 바라보는 정부 관료들의 의식 수준이 여실히 드러나고 말았다. 문화는 한 민족의 숨결과 혼이 담긴 살아 있는 역사라 할 수 있다. 그 역사를 지우려 했으니 이 얼마나 부끄러운 일이란 말인가! 이 사건을 단순히 지난 과거로 생각할 수 없는 것은 오늘날에도 이러한 일이 반복되고

남원 실상사 증각대사탑(보물 제38호)

있기 때문이다.

　　자칫 사라질 수도 있었던 실상사는 한국 선불교의 역사에서 매우 중
요한 위치를 차지하고 있는 곳이다. 아홉 개의 산문 가운데 이곳 실상사를
중심 사찰로 한 실상산문이 가장 먼저 문을 열고 활동했기 때문이다. 사실
상 최초의 산문이다. 비록 남종선을 가장 먼저 한국에 소개한 도의 국사의
상징성 때문에 그가 종조인 가지산문이 '최초'라는 타이틀을 달고 있지만,
창건 시기는 남원 실상사가 장흥 보림사보다 30여 년 앞서고 있다. 이 실상
산문을 활짝 연 주인공이 바로 홍척 국사洪陟國師이다.

　　홍척의 행적을 알 수 있는 기록은 그리 많이 남아 있지 않다. 그를
알기 위해 『조당집』을 폈을 때의 당혹감을 지금도 잊을 수 없다. 서당의 법
을 이었고 시호는 '증각 대사證覺大師', 탑호는 '응적凝寂'이라고만 소개되어
있었기 때문이다. 탑호와 관련해 실상사 증각 대사의 탑비에는 '응료탑비凝
蓼塔碑'란 글자가 새겨져 있는 것으로 보아 『조당집』의 기록에 착오가 있었
던 것 같다. 아무튼 『조당집』에 소개된 홍척의 기록이 짧아도 너무 짧다. 다
른 기록이 없었다면 어쩔 뻔했단 말인가. 구산선문 관련 사찰들에 남아 있
는 선사들의 비문은 그래서 매우 중요한 가치를 지닌다. 그 속에 담긴 단편
적인 기록과 다른 자료들을 취합하면 한 인물의 생애를 재구성할 수 있기
때문이다.

　　일 년에 사월 초파일 딱 하루만 개방하는 문경의 봉암사에는 구산
선문과 관련된 매우 중요한 문화재가 남아 있다. 최치원崔致遠, 857~미상의
사산비명四山碑銘 가운데 하나인 지증 대사智證大師의 비명이 그것인데, 단
편적이나마 홍척과 관련된 몇 가지 기록이 남아 있다. 여기에는 도의와 홍

척을 신라 선불교의 대표 인물로 묘사하고 있다. '북산의 도의와 남악의 홍척(北山義與南岳陟)'이라 한 것을 보면, 당시 두 인물의 영향력이 상당했던 것으로 보인다. 여기서 '남악'은 실상사가 자리하고 있는 지리산을 가리킨다.

여기에는 도의와 홍척에 대한 재미있는 비유가 나온다. 도의를 하늘을 나는 고니(鵠)에, 홍척을 대붕(鵬)에 비유하고 있는 것이다. 그리고 고니는 한 번에 천 리를 날 수 있는데, 대붕은 9만 리를 날 수 있다는 설명까지 첨부되어 있다. 이를 통해 홍척이 매우 높게 평가되고 있음을 알 수 있다. 그뿐만 아니라 여기에서 우리는 당시의 교학불교를 바라보는 선불교의 시선을 읽을 수 있다.

사마천의 『사기』에는 '어찌 왕후장상의 씨가 따로 있는가!'라는 말로 유명한 진승陳勝, 미상~B.C. 209의 이야기가 나온다. 그는 중국의 춘추 전국 시대를 통일한 진나라에 맞서 농민 반란을 일으키고 '장초張楚'라는 나라를 세운 인물이다. 비록 진나라의 토벌군에 패배해 죽음에 이르렀으나, 한나라를 세운 유방은 그에게 '은왕隱王'이라는 시호를 내려 주기도 하였다. 그 진승이 자신의 큰 뜻을 알지 못하는 사람들을 향해 '제비나 참새가 어찌 기러기나 고니의 뜻을 알리요(燕雀安知鴻鵠之志).'라고 하였다. 이 말은 '연작홍곡燕雀鴻鵠'이라는 고사성어의 유래이기도 하다. 대붕은 『장자』에 나오는 유명한 상상 속 동물이 아니던가. 비문에 새겨진 비유는 숲속이 세상의 전부라고 알고 있는 작은 새들은 9만 리를 나는 대붕의 큰 뜻을 이해하지 못한다는 의미이다. 신라에 선불교를 소개했지만 그 뜻을 이해하지 못했던 당시의 교학불교를 향한 일갈이라 할 것이다.

실상산문을 활짝 열고

도의와 마찬가지로 홍척 역시 중국으로 유학을 떠나 서당으로부터 법을 전수받는다. 그가 당나라에서 어떤 활동을 했는지에 대한 자세한 행적은 전하지 않는다. 그는 도의보다 5년 뒤인 홍덕왕興德王 원년 826년에 신라로 귀국한다. 그 역시 경주로 들어가지 않고 지리산 자락에 위치한 실상사에 머물게 된다. 당시 유학승들은 귀국 후 자신의 선사상을 펼칠 수 있는 도량을 찾아서 여기저기 유람하다가 지원 세력을 만나면 선문을 개창하는 것이 일반적이었다. 하지만 홍척이 누구의 지원을 받아 선문을 열었는지에 대한 자세한 기록은 전하지 않는다. 다만 개산 이후 홍덕왕과 선강태자宣康太子가 홍척에게 귀의를 하는데, 이들의 지원이 산문 활동에 큰 도움이 되었다. 홍척의 입장에서는 든든한 지원군이 생긴 셈이다.

홍척이 문을 연 실상사는 당시엔 '지실사知實寺'였다. '실상사'라는 이름으로 불리게 된 것은 고려 초기부터인데, 홍척의 존칭인 '실상선정국사實相禪庭國師'의 앞머리를 따서 부르게 된 것이다. 홍척이 머물렀던 지실사는 지금의 백장암이며, 이곳을 찾아오는 사람들이 많아지자 그의 뒤를 이은 이二조 수철 화상秀澈和尙, 817~893이 지금의 실상사 자리로 옮겼다는 주장도 있다.

이곳에서 홍척이 활발한 활동을 벌이게 되자 왕실에서도 이를 주목하고 그를 경주로 초청한다. 왕실에서 그를 주목한 것은 당시의 정치적 상황과 관계가 있는 것으로 보인다. 홍덕왕은 김헌창의 난으로 인한 혼란을 극복하고 흩어진 민심을 수습해야만 했다. 또한 체제 강화를 위해 강력한 개혁 정치가 필요했다. 그러한 이유로 왕은 사치를 금하라는 교서를 내렸다. 이는 대규모 불사를 통해 교종 세력과 결탁하고 있던 진골 출신의 왕족과 귀족들을 향한 견제 차원이기도 하였다. 이들은 언제든지 왕권을 위협할 수 있는 존재였기 때문이다. 이처럼 왕은 귀족들의 교종 지원은 억제하고 홍척에 대한 지원은 확대함으로써 자신에게 위협이 되는 세력들을 견제하고자 했다.

신라는 하대로 갈수록 골품제가 안고 있던 내적 모순들이 드러나기 시작한다. 특히 태종무열왕太宗武烈王 이후 진골 귀족들의 숫자가 지속적으로 늘어남에 따라 관직을 둘러싼 내부 갈등이 심각한 수준에 이르게 된다. 관직은 한정되어 있는데 이를 차지하려는 사람들은 넘쳐났기 때문이다. 한마디로 포화 상태인 진골들의 권력 다툼이 극에 달한 것이다. 이런 배경에서 왕위쟁탈전은 끊임없이 일어났으며, 대표적인 사건으로 아버지 김주원金周元이 왕위에 오르지 못하자 일어난 김헌창의 난이 있다. 권력 투쟁에서 밀려난 진골들은 연고가 있는 지역으로 돌아가 기반을 잡고 호족 세력으로 등장하기도 한다.

또한 지방의 세력가들은 중앙 진출을 원천적으로 막고 있는 골품제에 대한 불만이 극에 달하였다. 이러한 상황에서 선불교의 등장은 그들에게 상당히 매력적으로 다가왔다. 출생에 의해 결정되는 신분제도를 비판하고 모든 사람은 평등하다고 외쳤기 때문이다. 진승의 말처럼 왕후장상의 씨가 따로 있는 것은 아니었다.

선불교는 왕실의 입장에서 교종 세력과 결탁하고 있던 진골들을 견제하기 위한 대안이었지만, 골품제로 상처받은 이들에게는 희망의 빛이었

남원 실상사 증각대사탑비(보물 제39호)

다. 이처럼 신라 후기 여러 복합적인 상황들은 선불교에 유리하게 작용하고 있었다. 처음에는 악마의 속삭임으로 들렸던 선불교가 점차 낡은 과거를 청산하고 새로운 시대를 이끌어갈 수 있는 시대정신으로 부각되기 시작한 것이다.

이러한 상황에서 홍척은 실상사를 기반으로 자신의 선사상을 펼쳐나갔다. 많은 승려들이 그의 가르침을 듣기 위해 이곳으로 몰려들었는데, 제자들의 수가 무려 천여 명에 이르렀다 한다. 그중에서도 수철 화상과 편운 화상片雲和尙 등 뛰어난 제자들이 배출되어 실상산문을 더욱 발전시킨다. 그런데 이二조 수철이 홍척을 만난 것은 지리산이 아니라 설악산이라고 한다. 설악산에서 만나 지리산 실상사에서 법을 전수받은 것이다. 이것은 홍척 역시 지리산에 오기 전 설악산에 머물렀다는 얘기가 된다. 설악산은 도의가 머물던 진전사가 있는 곳이다. 홍척이나 도의 모두 같은 스승 밑에서 배웠으니, 뒤에 귀국한 홍척이 도의를 찾아간 것은 아닐까 싶다.

그렇다면 지리산에서 산문을 연 홍척은 어떤 사상으로 당시 사람들의 마음을 사로잡았을까? 이곳이 실상사이니 아마도 존재의 참모습(實相)을 우리에게 전하지 않았을까?

과거와 미래에 갇힌 현재

산을 좋아하는 사람들에게 실상사는 그냥 지나칠 수 없는 곳이다. 그곳엔 '7암자 산행'으로 불리는 유명한 등산 코스가 있기 때문이다. 실상사를 시작으로 약수암과 삼불사, 문수암, 상무주암, 영원사를 거쳐 도솔암까지 이어지는 산길을 걷다 보면 마음이 저절로 편안해짐을 느낄 수 있다. 과거의 아픈 상처로 힘들어 하는 사람에게 그 길은 치유의 길이 되어 주고, 미래에 대한 불안으로 지금 이 순간을 살지 못하는 이에게 그곳 바람은 걱정을 잠시 내려놓아도 좋다며 속삭인다.

순례하는 마음으로 그 길을 걸어 보면 더욱 좋을 것이다. 도솔암을 시작으로 해서 실상사로 하산해도 좋다. 어느 방향으로 걷든 무슨 상관이겠는가. 들머리와 날머리는 우리들 관념 속에만 있을 뿐이다. 중요한 것은 걷고 있는 그 순간들이다. 바람이 불어오면 이마에 맺힌 땀방울을 식혀줄 것이다. 산들바람에 산죽들이 나풀거리면 미소를 지으면서 '안녕' 하고 인사하면 될 일이다. 그곳은 우리에게 삶의 참모습, 존재의 실상이 무엇인지를 알려 주었던 홍척의 숨결이 남아 있는 곳이다.

　지증 대사 비명에는 홍척의 선을 읽을 수 있는 내용들이 단편적으로 남아 있다. 그중에서 다음의 대목이 매우 인상적이다.

　　비밀스럽게 전한 뜻密傳을 밝게 드러내니, 아침의 범부가 저녁에 성인이 된다. 이러한 변화는 점차로 된 것이 아니라 갑자기 이루어진 것이다.

　'비밀스럽게 전한 뜻'이란 선불교에서 중시하는 마음을 의미한다. 이심전심以心傳心으로 전승된 그 마음의 참모습을 밝게 드러냄으로써 범부에서 성인으로 탈바꿈할 수 있다는 것이다. 홍척이 전한 선은 중생이라는 인격에서 부처라는 불격佛格으로 질적인 삶의 변화를 이끄는 길이다. 그런데 그 길은 복잡한 단계를 거쳐 점차적으로 이루어지는 것이 아니라 갑자기 이루어진다. 마치 일을 마치고 집으로 돌아와 스위치를 올리면 순간 거실이 환해지는 것과 같다. 어두웠을 때는 제대로 보이지 않았는데, 집안이 밝아지자 텔레비전이나 냉장고가 어디 있는지 정확하게 보이는 것이다. 돈오나 견성은 이러한 마음의 등불을 밝히는 즉각적이고 생생한 체험을 이르는 말이다. 그렇다면 위에서 말하고 있는 범부와 성인, 혹은 중생과 부처는 어떤 존재일까?

교부철학을 집대성한 아우구스티누스Aurelius Augustinus, 354~430는 '과거는 기억, 미래는 기대'라고 하였다. 마음속에 남아 있는 어떤 일이나 생각을 과거라 규정하고, 앞으로 이렇게 되었으면 좋겠다고 기대하는 마음을 미래라고 가정한 것이다. 인간은 이처럼 마음속에 과거와 미래를 동시에 지니고 살아가는 존재이다.

아침에 출근하는 아버지를 향해 '오늘 내 생일이니까 저녁에 선물 사 가지고 일찍 들어와야 해.'라고 말하는 아이는 학원이 끝나자마자 집으로 돌아와 그를 기다린다. 아침의 일을 기억하고 아버지가 멋진 선물을 사 가지고 올 것을 기대하고 있는 것이다.

아이의 바람대로 아버지도 그것을 기억하고 일찍 들어오면 얼마나 좋을까? 그런데 삶이란 게 어디 우리들 마음대로 되는 것이던가 말이다. 아버지는 술에 취한 채 밤 12시가 넘어서야 집에 들어온다. 케이크에 촛불을 켜 놓고 그를 기다리던 아이는 결국 울음을 터트리고 만다. 아이는 학교 수업 시간에도 그가 사 올 선물에 대한 기대 때문에 선생님 말씀이 귀에 들어오지 않았다. 그뿐만 아니라 같은 반 친구가 떡볶이를 먹으러 가자고 했는데도 그것을 뿌리쳤다. 온통 선물 생각뿐이었던 것이다.

어찌 보면 중생이란 이런 모습이 아닐까 싶다. 과거에 대한 기억과 미래에 대한 기대 때문에 현재의 삶을 살지 못하는 이 아이처럼 말이다. 수업 시간도, 친구와 함께 맛있게 먹어야 할 떡볶이도 선물이라는 미래에 저당잡힌 꼴이 된 것이다. 이것이 아침의 범부의 모습이라면 저녁의 성인은 어떤 모습일까?

일상산문

남원 실상사(사적 제309호)

정면으로 보이는 보광전 앞 삼층석탑은 보물 제37호로
지정되어 있는 남원 실상사 동·서 삼층석탑이다.

현재를 사는 일

누구나 느끼는 것이지만 삶이 무겁게 느껴질 때가 있다. 삶은 어린 아이처럼 울고 끝나는 일이 아니다. 회사일 때문에 아이와의 약속을 잊어 버리기도 하고, 때로는 마시기 싫은 술을 억지로 마셔야 한다. 그렇게 하지 않으면 회사에서 쫓겨날 수도 있으니 말이다. 그래서 아이에게 더 나은 미래를 위해선 때로는 지금의 행복을 포기할 줄 알아야 한다고 변명한다. 하지만 미안한 마음에 그는 휴가를 내어 아이와 함께 실상사로 여행을 떠났다. 치유의 길을 걸으면서 상처받은 아이의 마음도 달래 주고, 회사에서 받은 스트레스도 풀어 보자는 생각이었다.

처음에는 시원한 바람이 그렇게 좋을 수 없었다. 스트레스가 모두 날아가는 기분이었다. 그런데 갑자기 처리하지 못한 회사일이 생각났고, 혹여 회사로 복귀했을 때 자신의 자리가 사라지는 것은 아닐까 불안해지기 시작했다. 지리산의 멋진 풍경도 눈에 들어오지 않는다. 이렇게 과거나 미래에 얽매여 지금 이 순간을 살지 못하는 존재가 바로 범부이자 중생이다. 그런 우리를 향해 홍척은 말한다.

> 닦아도 닦을 것이 없고 증득해도 증득할 것이 없다. 고요할 때는 산이 서 있지만, 움직일 때는 골짜기가 응한다. 무위無爲의 이익은 다투지 않고도 이긴다.

여기에서 닦아도 닦을 것이 없고, 증득해도 증득할 것이 없는 이유는 우리가 본래부터 부처이고, 성인이기 때문이다. 그런데 중생은 이를 알지 못하기 때문에 깨달음이라는 목표를 설정해 놓고 인위적인 수행을 한다. 마치 술에 취해 집에 왔는데도 자꾸만 집에 가야 한다고 술주정을 하는 것과 같다. 이곳이 내 집이라는 것을 아는 방법은 한 가지뿐이다. 바로 술에서 깨는 일이다. 망념이라는 술에서 깨어나야 내가 서 있는 지금 이곳이 내 집이며 깨달음의 공간이라는 것을 알 수 있다.

중생들의 착각은 다른 데 있는 것이 아니다. 행복(證得)이라는 삶의 목표는 지금이 아니라 먼 미래에 있다고 생각하는 것. 미래의 행복을 위해서 지금 이 순간은 참고 앞으로 나아가야 한다(修)고 여기는 것이다. 그래서 아이의 생일을 잊어버리고, 멋진 길을 걸으면서도 미래의 불안 때문에 지금 이 순간을 즐기지 못한다. 과거의 기억과 미래에 대한 기대 그리고 불안, 이는 현재를 있는 그대로 살지 못하게 만드는 요인이다.

선禪은 단순하게(單) 보는(示) 일이다. 배고플 때는 밥을 먹고 졸릴 때는 자는 것이 단순한 일이다. 눈앞에 멋진 광경이 펼쳐지면 그대로 즐기는 일이 단순한 것이다. 이것이 뭐 어렵냐고 하지만 결코 그렇지 않다. 우리는 배가 고프지 않아도 나중에 배가 고플까봐 일부러 먹기도 하며, 졸리더라도 걱정과 불안 때문에 쉽게 잠들지 못한다. 아이와 함께 그 멋진 산길을 걸으면서도 회사 걱정 때문에 바람 소리를 듣지 못한다. 선은 단순하지만, 우리들의 실제 모습은 결코 단순하지 않다. 중생이란 다름 아닌 과거의 기억과 미래의 불안 때문에 현재를 단순하게 살지 못하고 복잡하게 사는 존재인 것이다.

그렇다면 답은 분명해진 것 같다. 아침의 범부가 저녁에 성인이 되기 위해서는 과거와 미래로부터 자유로워야 한다. 현재를 있는 그대로 살아야 한다는 것이다. 회사일을 핑계로 아이와의 생일 파티를 연기해서는 안 된다는 것이다. 실상사 산길을 걸을 때는 그저 걸으면 되고, 눈앞에 멋진 풍경이 나오면 그대로 감상하면 되는 일이다. 산이 고요할 때는 그 고요를 즐기면 된다. 그런 고요 속에 있을 때 산은 서 있지만, 우리가 '야호!' 하고 소리치면 골짜기도 역시 '야호!' 하고 반응을 할 것이다. 이처럼 현재를 있는 그대로 사는 존재가 다름 아닌 성인이요, 부처이다.

지난 2005년 KBS에서 방영된 〈산사의 아침〉이란 단편드라마가 있었다. 깨달음이라는 목표에 사로잡힌 채 한 걸음도 내딛지 못하는 행자를 향해 드라마 속 스님은 특별한 것을 찾지 말라고 하면서 이러한 대사를 남긴다.

"뒤져가면서도 눈앞의 경치를 즐길 줄 아는 마음, 그게 바로 부처인 게야. 그 마음을 배우라는 게지."

홍척이 전한 우리들 삶의 실상도 이런 것이 아닐까? 마조가 강조한 평상심平常心도 그 어떤 상황에서든지 눈앞의 경치를 즐길 줄 아는 단순한 마음을 의미한다. 그 마음이 홍척을 통해 실상사에 울려 퍼진 것이다. 과거의 기억이나 미래의 불안으로 아파하는 이가 있다면 이곳 실상사를 찾아 떠나 보면 어떨까? 이곳의 바람이 우리에게 삶이란 현재를 사는 것이라고 속삭일 테니 말이다.

실상사의 상징, 철조여래좌상

실상사에는 일반 사찰에서 흔히 볼 수 있는 일주문이 따로 없다. 일
주문은 번뇌가 가득한 세속의 세계에서 고요와 평화가 가득한 열반의 세계
로 들어가는 관문이다. 일주문을 중심으로 이쪽(此岸)이 중생의 세계라면
저쪽(彼岸)은 부처의 세계라 할 것이다. 그런데 유서 깊은 이곳에 일주문이
없는 것은 잘 이해가 되지 않는다. 이것은 내가 서 있는 모든 공간이 결국
깨달음의 세계란 선의 정신을 담고 있는 것이다. 그래서인지 매표소를 지
나 천왕문까지는 마치 한적한 시골 마을을 걷는 것 같다. 이 길은 성聖과 속
俗의 경계가 따로 없는 불이不二의 길이자 평등의 길이다. 실상사가 평지에
위치한 것이나 이곳에 계단이 없는 것도 결코 우연은 아니다. 그러니 이곳

에 와서 일주문이 어디 있느냐고 묻는 것은 우문 중의 우문이다.

이곳의 주법당은 보광전이다. 건물 안에는 주불인 아미타불을 중심으로 좌우에 관음보살과 대세지보살이 있는데, 두 분의 보살은 베트남에서 모셔 왔다고 한다. 이 땅에 다문화가정이 생길 것을 미리 예견이라도 했던 것일까? 이곳의 부처님과 보살님들은 색안경을 쓰고 그들을 차별의 눈으로 바라보는 오늘의 우리들에게 공존의 의미가 무엇인지 몸소 보여 주는 것 같다. 그러고 보니 단청 없는 보광전의 소박한 모습까지도 내게는 평등의 의미로 다가온다.

사실 오늘날 실상사에서 가장 주목받고 있는 전각은 약사전이다. 이곳에는 철조여래좌상이 모셔져 있는데, 몇 해 전 복장 유물을 공개하는 과정에서 철제 수인이 발견되었기 때문이다. 지금까지 철조여래좌상의 수인은 목재로 되어 있었는데, 그동안 유실되었던 것으로 여긴 수인이 비로소 확인된 것이다. 일설에 의하면 일제강점기 이 철불이 일본의 지기를 누른다고 하여 그들에 의해 양 손목이 강제로 잘렸다고 한다. 발견된 철제 수인은 대부분 손가락이 절단되어 있었다.

그런데 이 철제 수인의 발견으로 철불의 명칭에 대한 문제가 새롭게 제기되었다. 철불은 이제까지 약사전에 모셔져 있었고, 홍척을 이은 실상산문 이二조인 수철이 약사여래상과 석탑 두 기를 세웠다는 설이 있었기 때문에 당연히 약사불인 것으로 알려져 있었다. 그런데 이번에 발견된 철제 손은 아미타 수인을 하고 있었다. 그래서 이 철불은 아미타불이란 주장이 설득력을 얻고 있다.

이와는 다른 주장도 제기되고 있다. 이 철불이 노사나불이라는 주장

남원 실상사 철조여래좌상(보물 제41호)

실
상
산
문

이다. 철불의 크기로 볼 때 실상사 창건 당시 금당金堂인 보광전에 봉안되어 있었으며, 고려 중기 중창 과정에서 처음의 수인과 교체되었을 것이라는 추정이다. 규모가 큰 철불들은 대부분 손을 별도로 제작해서 팔에 끼웠기 때문에 교체하기도 그리 어렵지 않았다. 철불을 보광전에 모셨다는 구체적인 근거가 제시된다면 당연히 노사나불이 맞을 것이다. 주불의 명칭에 따라 전각의 이름이 정해지기 때문이다. 또한 가지산문의 보림사와 성주산문의 성주사 등의 선종 사찰에서 노사나불을 주불로 모셨다는 사실도 이러한 주장에 힘을 실어 주고 있다.

앞으로의 연구 결과에 따라 정확한 진상이 밝혀지겠지만 개인적으로는 노사나불이라는 주장에 마음이 끌린다. 선과 화엄은 서로 떼려야 뗄 수 없는 관계이기 때문이다. 마치 서로 다른 환경에서 성장한 탓에 티격태격 싸우기는 하지만 상대를 너무도 사랑하는 연인과 같다 할 것이다. 그래서인지 이 둘 사이는 사랑과 미움이 교차하는 일종의 애증 관계에 놓여 있다는 느낌을 받게 된다. 화엄과 경쟁 관계에 있으면서도 화엄을 사랑한 흔적이 구산선문 관련 사찰에 많은 이유도 여기에 있지 않나 싶다.

화엄을 사랑한 수철 국사

실상사에는 보물 제34호로 지정된 수철화상능가보월탑비가 있다. 비문에는 수철의 생애에 관한 기록이 남아 있는데, 그는 원래 심원사深源寺의 승려였기 때문에 '심원사 수철 화상'으로 되어 있다. 그는 15세의 나이에 연허 율사緣虛律師 문하에서 출가하였으며, 경주 복천사福泉寺에서 윤법

남원 실상사 수철화상탑비(보물 제34호)

潤法으로부터 구족계를 받았다. 그는 전국의 명산을 찾아다니다 설악산에서 홍척을 만나 스승과 제자의 인연을 맺고 이후 실상산문의 이二대 조사가 된다.

　　수철은 화엄을 무척 사랑했던 것으로 보인다. 그는 홍척 밑에서 선을 공부하면서도 대장경을 공부하는 데 전념하였다. 특히 『화엄경』에 대한 관심이 깊었던 것으로 알려졌는데, 이는 선사이지만 교학과의 소통을 중시했기 때문 아닌가 싶다.

　　선과 화엄이 공유하는 정신으로 평등을 빼놓을 수 없다. 비록 중국의 화엄학자들이 한족과 오랑캐도 평등한가라는 질문에 머뭇거렸지만, 화엄은 본래 선과 마찬가지로 존재하는 모든 것은 부처로서 평등하다는 입장이다. 사람뿐만 아니라 만물이 모두 평등하다는 화엄의 세계관은 오늘날에도 시사하는 바가 크다 할 것이다.

　　언젠가 안수사라는 절에 가기 위해 산을 오른 적이 있었다. 그런데 산을 오르다가 자그마한 뱀을 만나게 되었다. 나는 너무 놀란 나머지 뒤로 물러섰다가 뱀이 지나간 다음에야 발걸음을 옮길 수 있었다. 절에 도착해 부처님께 예를 올리고 잠시 자리에 앉아 명상의 시간을 가졌다. 그리고 왜 뱀을 보고 그렇게 놀랐는지를 곰곰이 생각해 보았다. 그때 내린 결론은 뱀을 바라보는 나의 시선이 왜곡되어 있기 때문이란 것이었다. 뱀은 그저 그렇게 생긴 것뿐인데, 내 마음이 색안경을 쓰곤 뱀을 징그럽다고 여긴 것이다. 어찌 보면 뱀이 징그러운 것이 아니라, 뱀을 징그럽다고 생각한 내 마음이 더 징그러운 것은 아닌지 모를 일이다.

　　생각이 여기에 미치자 산을 내려오는 발걸음이 무척이나 가벼웠다.

그런데 산을 내려오다가 또 한 번 뱀과 마주치게 되었다. 신기하게도 이번에는 뱀이 무섭다거나 징그럽단 생각이 들지 않았다. 오히려 나는 나도 모르게 '안녕?' 하고 손짓을 했다. 그런 내 모습에 잠시 웃음이 일었지만, 선이나 화엄에서 지향하는 정신도 이런 것이 아닐까 싶었다. 선이나 화엄이나 존재하는 모든 것은 부처로서 평등하다고 말하고 있지 않은가. 다만 우리의 왜곡된 시선이 사물의 왜곡을 낳을 뿐이다. 『반야심경』에서 '더럽지도 않고 깨끗하지도 않다(不垢不淨).'고 한 것도 바로 이를 두고 한 말이다. 뱀이 징그럽다는 것은 우리들 관념 속에만 있을 뿐이다. 그 왜곡된 마음을 텅 비웠을 때 비로소 사물을 있는 그대로 볼 수 있다. 그것이 선이나 화엄에서 강조하는 존재의 실상이라 할 것이다. 이런 점에서 보면 뱀이 물을 마시면 독을 만들고 소가 물을 마시면 우유를 만든다는 이야기도 뱀의 입장에서 보면 억울한 일이다.

이처럼 존재하는 모든 것이 평등하다는 것은 선이나 화엄에서 동시에 강조하는 입장이다. 그리고 실상사는 모든 것이 평등하다는 존재의 실상을 잘 보여 주는 사찰이라 할 것이다. 앞서 언급한 것처럼 일주문이 따로 없고 사찰이 평지에 있는 것은 성과 속, 부처와 중생, 인간과 자연이 평등하다는 것을 상징적으로 보여 주고 있다. 수철이 선사이면서도 화엄을 사랑한 까닭도 바로 여기에 있지 않을까?

그럼에도 불구하고 수철은 선사로서 자기 정체성을 버릴 순 없었다. 경문왕景文王 7년인 867년 왕이 그를 초청해서 교와 선의 차이에 대해 질문하자 수철은 이렇게 대답한다.

남원 실상사 수철화상탑(보물 제33호)

"궁인들이 거처하는 깊은 궁궐에는 천 갈래의 어지러운 길(迷道)이 있으나, 대왕이 머무르는 대궐에는 그런 가림이 없어서 선계禪階는 대낮처럼 밝습니다."

여기에서 수철은 교학불교를 깜깜한 밤중에 길을 가야 하는데, 눈앞에 여러 미로가 있어서 어디로 가야할지 모르는 깊은 궁궐에 비유하고 있다. 반면 선불교는 어둡지 않고 환히 밝아서 분명하게 깨달음의 길을 갈 수 있다고 말한다. 이는 깨달음에 이르기까지 복잡한 여러 단계를 거쳐야 하는 교학불교에 대한 비판이라 할 수 있다. 단순하고 분명하게 마음의 실상을 성찰하는 것이 선의 정체성임을 수철은 왕에게 보여 주고 있는 것이다.

이처럼 홍척의 뒤를 이어 실상사를 빛낸 실상산문 이二조 수철의 모습에서 화엄에 대한 애증의 관계를 엿볼 수 있다. 그러나 화엄은 선과 다른 것이지 틀린 것이 아니다. 비록 목표를 향해 가는 길은 서로 다르지만, 그 차이를 인정하고 공존을 모색하는 정신이 실상사에는 살아 있다. 삶의 방식이 서로 다르더라도 공존이 가능한 것은 그 바탕에 사랑과 신뢰가 있기 때문이다. 마치 보수의 길을 걷는 아버지와 진보 성향의 자식이 서로 다른 방식으로 살아가지만 사랑과 믿음만큼은 굳건한 것처럼 말이다. 이것이 선사로서 수철이 화엄이라는 아버지를 바라본 시선이다.

실상산문

답.사.노.트.
실상산문의 흔적을 찾아서

❀
사찰 및 사지

남원 실상사

전라북도 남원시 산내면 입석길 94-129.
828년 홍척이 창건하여 실상산문의 중심
사찰이 되었다. 실상사는 조선 시대에
들어 정유재란으로 인한 큰 불로 폐허가
되었다가 숙종 때 다시 지어졌다. 이후
고종에 이르러 또 한 차례 화재가 일어나
사찰 전각이 소실되었고, 당시의 중수를
통해 오늘에 이를 수 있었다. 경내에는 국보
제10호인 백장암 삼층석탑과 각각 보물
제33·34호로 지정되어 있는 수철화상탑 및
수철화상탑비, 보물 제36호인 승탑과 보물
제37호인 삼층석탑 2기, 보물 제38호인
증각대사탑, 보물 제39호인 증각대사탑비,
보물 제40호인 백장암 석등 등 다수의
유물이 자리하고 있다. 실상사는 사적
제309호로 지정되어 있다.

남원 실상사 증각대사탑

남원 실상사 수철화상탑

남원 실상사

유물 및 문화재

남원 실상사 증각대사탑

전라북도 남원시 산내면 입석길 94-
129. 실상사 경내 자리한 사리탑으로
실상산문의 개산조인 홍척의 사리를 모신
승탑이다. 탑 이름의 '증각'은 홍척의
시호이다. 홍척의 생몰년을 알 수 없어
건립연대를 추측하기 어렵지만 전체적인
조형과 조각 수법 등으로 미루어 볼 때
9세기 후반에 건립된 것으로 보인다. 보물
제38호로 지정되어 있다.

남원 실상사 증각대사탑비

전라북도 남원시 산내면 입석길 94-129.
실상사 내 홍척의 탑비이다. 현재 비신은
없어지고 받침돌과 머릿돌만 남아 있다.
머릿돌 부분에 '응료탑비凝蓼塔碑'란 글자가
새겨져 있다. 이 탑비는 9세기 중엽에
만들어진 것으로 추정된다. 보물 제39호로
지정되어 있다.

남원 실상사 수철화상탑

전라북도 남원시 산내면 입석길 94-129.
실상사 경내 실상산문 2조인 수철의 사리를
모신 탑이다. 수철의 입적 당시 왕은 탑의
이름을 '능가보월'이라 내렸는데, 이에
'수철화상능가보월탑'이라 부르기도
한다. 탑 옆에 건립되어 있는 탑비 내용에
진성여왕 7년인 893년 입적한 것으로
새겨져 있어 탑의 건립 시기를 이즈음으로
추측하고 있다. 보물 제33호로 지정되어
있다.

남원 실상사 수철화상탑비

전라북도 남원시 산내면 입석길 94-129.
실상산문 2조인 수철의 탑비로 수철에 대한
관련 내용을 파악할 수 있다. 이 탑비 역시
왕이 내린 탑호에 따라 '능가보월탑비'라
부르기도 하는데 실제 비신 앞면 중앙에
'능가보월탑비'라는 글이 새겨져 있다.
한편 수철은 실상사에서 입적하였으나
실제 심원사 승려여서 탑비에는 그를
'심원사수철화상'이라 말하고 있다. 이
탑비는 효공왕 시기에 건립된 것으로
추정된다. 현재 보물 제34호로 지정되어
있다.

3

동
리
산　桐裏山門
문

동리산문 법맥도

마조 도일	서당 지장	혜철	여	윤다
馬祖道一	西堂智藏	惠哲	如	允多
709~788	735~814	785~861	생몰년 미상	864~945

중국 선종   중국 선종

● 개산조
○ 실제 개산

한국전쟁이 남긴 상흔

섬진강과 보성강이 만나는 곳에 아름다운 사찰 태안사泰安寺가 자리하고 있다. 수많은 봉우리가 솟아 있고, 맑은 물줄기가 흐르는 이곳은 찾아오는 이가 드물고 고요해서 마음 닦는 수행자들이 공부하기에 좋은 곳이다. 여기에는 용이 깃들고 독충과 뱀이 없으며, 구름이 깊고 소나무 숲이 우거져 있다. 또한 여름엔 시원하고 겨울엔 따뜻하여 삼한의 명승지라 할 만한 곳이다. 동리산문을 활짝 연 혜철 국사惠哲國師, 785~861의 비문에 나와 있는 태안사에 대한 설명이다. 이처럼 아름다운 태안사는 우리 현대사의 아픈 상처가 남아 있는 곳이기도 하다.

태안사에는 다른 사찰에서 볼 수 없는 탑이 하나 있다. 바로 한국전

곡성 태안사 적인선사탑비

쟁 때 순직한 경찰들을 기리는 충혼탑이 그것이다. 1950년 8월 6일 새벽, 경찰의 전투 본부로 사용하던 태안사에 북한군이 기습하여 48명의 경찰이 전사하는 사건이 벌어졌다. 일설에 의하면 북한군은 붙잡힌 사람들을 법당에 가둬 놓고 불을 질렀다고 한다. 이로 인하여 태안사는 일주문과 능파각을 제외한 모든 전각들이 소실되었다. 천 년 동안 이어 온 태안사의 역사가 한순간에 사라질 위기에 처한 것이다.

이 사건의 영향으로 태안사는 쇠락의 길을 걸을 수밖에 없었다. 1980년대 초반까지만 해도 밤이 되면 원혼들의 울음소리가 들렸으며, 그 때문에 이곳을 찾은 불자들은 방문 밖을 나갈 수 없었다고 한다. 그러다 보니 자연스럽게 사람들의 발길은 끊기고 법당에는 향불이 꺼졌으며 급기야 폐사의 위기에 몰리게 된 것이다. 태안사는 전쟁의 참화가 남긴 상처가 너무도 컸던 곳이다.

그러나 1985년 염불선을 주창했던 청화 대종사清華大宗師, 1923~2003의 노력으로 지금의 모습에 이르게 되었다. 대종사는 3년 동안 산문을 나가지 않고 대중들과 함께 천년고찰 태안사를 재건하겠다는 원願을 세워 정진을 이어나갔다. 이러한 뜻이 밖으로 전해졌고 많은 사람들의 발길이 이곳을 향하였다. 주민들에 의하면 태어난 이래 그처럼 많은 사람들이 몰리기는 처음이었다고 한다. 재건을 위한 많은 이들의 노력이 오늘날의 태안사를 있게 한 것이다.

이곳에는 동리산문을 개창한 적인 선사寂忍禪師 혜철의 부도와 비석이 나란히 놓여 있다. 비석의 앞부분은 혜철의 생애가 담긴 비송碑頌이 새겨져 있고, 뒷부분은 태안사의 역사가 담긴 「동리산기실桐裏山紀實」이 담겨

동리산문

있다. '기실'이란 사실 그대로를 적은 글이라는 뜻이다. 1927년 일제가 우리의 정신문화를 말살하려는 정책을 실시하자 이를 지키기 위해 박한영朴漢永, 1870~1948 스님이 태안사의 역사를 정리해서 써 놓은 것이다.

「동리산기실」에 의하면 847년 혜철 국사가 쌍봉사에서 태안사로 와 법당을 비롯한 여러 전각들을 지었다고 나와 있다. 또한 그는 이곳에서 선당禪堂을 열고 가지산문의 도의와 실상산문의 홍척, 그리고 사굴산문의 범일 등과 함께 마조 도일의 종지에 대해서 경연競演을 펼쳤다고 한다. 이들 모두 마조 도일의 홍주종 선법을 전수받은 제자들이니 함께 모여서 스승이 전한 진리에 대해 법담을 나눌 수 있었을 것이다. 당시 여러 선종 사찰 중에서 태안사보다 성대한 곳이 없었으며 법회를 열 때마다 이곳에 모인 청중이 헤아릴 수 없이 많았다 하니, 당시 태안사의 위상을 짐작할 수 있다.

나무를 베려면 도끼를 잡아야

혜철은 경주 출신으로서 속성은 박씨朴氏로 알려져 있다. 그는 어릴 때부터 다른 아이들과 달랐던 것 같다. 고기나 생선에서 나는 노린내나 비린내를 맡으면 피를 토하였으며, 짐승들을 도살하는 장면을 보면 마음이 아팠다. 앉을 때는 항상 가부좌를 하였으며, 사람들에게 예를 표할 때는 두 손을 모아 합장을 하곤 하였다. 일상의 모든 행동들이 마치 출가한 스님의 모습이었던 것이다.

그는 15세의 나이로 출가를 하게 되는데, 영주 부석사浮石寺에 머물면서 『화엄경』을 공부하였다. 이뿐만 아니라 자신이 공부하고 깨달은 내용을 책으로 만들어 함께 공부하는 도반들을 가르치기도 하였다. 어제는 벗이었는데, 오늘은 자신들을 이끌어 주는 스승이 되었던 것이다. 그래서 동료들은 혜철을 가리켜 불교계의 안자顏子라고 부르곤 하였다. 안자는 학문을 좋아하고 인품이 매우 훌륭해서 공자가 가장 아끼던 제자였다. 그래서 유교에서는 증자曾子와 자사子思, 맹자孟子와 더불어 안자를 '4성聖'으로 부르기도 한다.

그는 헌덕왕憲德王 6년인 814년 가을 당나라로 구법의 길을 떠난다. 그런데 가는 도중 목숨을 잃게 될 위기에 처하였다. 마침 당나라로 들어가는 배에 죄인들과 함께 탔는데, 혜철도 죄인으로 오인되어 감옥에 갇히게 된 것이다. 그는 당시 군감이 조정에 보고하여 죄인 30여 명과 함께 사형될 처지가 되었다. 다른 죄인들의 사형이 모두 집행되고 혜철의 차례가 되었을 때 군감은 고요하면서도 당당한 그의 모습을 보고 차마 죽일 수 없었다. 그래서 사정을 조사한 결과 오해가 풀렸고 죽음에서 면할 수 있었다.

당나라에 도착한 그는 손발을 꽁꽁 얼어붙게 만드는 찬 서리와 눈보라를 견디며 마침내 서당 지장을 만나게 된다. 첫 만남에서 혜철은 스승에게 이렇게 말한다.

"훗날 말 없는 말(無說之說)과 법 없는 법(無法之法)을 신라에 전할 수만 있다면 이보다 다행스러운 일은 없을 것입니다."

비문에 의하면 혜철은 신라에 있을 때 교학과 계율을 공부하면서도 선을 함께 수행하였다고 한다. 그는 선 수행이 이미 무르익은 상태에서 중

곡성 태안사
(전라남도 문화재자료 제23호)

국으로 건너와 스승을 만난 것이다. 혜철이 물건임을 알아본 스승은 얼마나 기뻤는지 처음 만난 제자를 마치 옛 친구를 대하듯이 반겼다. 그리고 스승은 그에게 조용히 심인心印을 전하였다. 스승과의 만남을 통해 진리의 샘물을 맛본 제자의 마음은 마치 드넓은 하늘과 같이 확 트이게 되었다.

비록 우리나라와 중국의 말이 다르고 진리의 세계는 은밀하지만, 혜철은 나무를 베는 데 필요한 것은 도끼(伐柯執斧)라는 사실을 깨치게 되었다. 선의 세계에서 언어는 문제되지 않는다. 나무를 베려면 도끼를 잡으면 된다. 즉 부처가 되기 위해서는 다름 아닌 마음을 깨쳐야 한다는 것이다.

그런데 그는 스승 곁에 오래 머물 수 없었다. 얼마 지나지 않아 서당이 입적했기 때문이다. 빈 배에 머무를 필요가 없다고 생각한 그는 여기저기를 유람하다가 서주西州에 위치한 부사사浮沙寺에 이르게 된다. 그는 그곳에서 삼 년 동안 치열하게 대장경을 열람하였다. 마음의 눈을 뜬 선사로서 마음과 언어의 경계는 더 이상 문제가 되지 않았던 것이다. 그는 선과 교의 경계에 걸림 없이 자유로웠던 인물이었다.

고국을 떠난 지 25년만인 839년 그는 신라로 돌아온다. 이미 그의 명성은 신라에도 널리 알려졌기 때문에 수많은 사람들이 그의 귀국을 환영하였다. 이때의 일을 비문에서는 '공자가 위衛나라에서 노魯나라로 돌아온 것 같다.'고 전하고 있다. 당시 혜철의 위상이 어떠했는지를 짐작할 수 있는 대목이다. 그리고 마침내 태안사에 자리를 잡아 동리산문을 활짝 열게 된다. 선과 교에 얽매이지 않은 그의 성향 때문인지 태안사에는 선을 공부하겠다는 사람뿐만 아니라 교학을 공부하려는 사람들도 몰려들었다. 그는 사람들의 근기에 따라서 가르침을 전했는데, 이는 부처님의 대기설법對機

說法의 정신을 계승한 것이라 할 수 있다.

이처럼 태안사가 발전하게 되자 중앙에서도 지대한 관심을 보이게 된다. 문성왕文聖王은 중요한 일이 있으면 혜철에게 자문을 구했고, 혜철 또한 자신의 의견을 정부에 전달하였다. 그래서 왕실에서는 그를 극진한 예로 대하고 많은 지원을 하게 된다. 물론 이러한 일들은 왕실에서 혜철을 존경했기 때문에 가능했지만, 여기에는 청해진을 열었던 장보고 세력과 연관이 있는 것으로 보인다. 알려진 것처럼 장보고는 신분에 관계없이 능력 위주로 사람들을 등용하였다. 이는 평등을 강조했던 선불교의 이념과 일치한다. 그래서인지 독실한 불교신자였던 장보고는 동리산문을 비롯한 호남 지역 선종 사찰에 경제적 지원을 한 것으로 보인다.

그런데 장보고가 사망한 후인 851년 정부는 청해진을 폐지한다. 또한 장보고를 따르던 수많은 사람들을 김제 벽골제로 강제 이주시킨다. 신라에 반감을 가지고 있던 장보고 세력에 대해 부담을 느낀 것이다. 왕실이 혜철과 태안사에 관심을 가진 것도 이러한 정치적 배경이 작용한 듯하다. 혜철에 대한 일종의 경계라 할 것이다. 한편 이 지역은 신라에 반기를 들었던 견훤이 후백제를 세운 곳이다. 또한 태안사는 고려를 세운 왕건의 정신적 지주였던 도선 국사를 배출하였다. 그리고 보면 태안사는 고려에게는 은혜의 공간이지만, 신라에게는 아픔일 수 있는 곳이다.

선은 그들만의 리그가 아니다

선은 언어를 떠난 마음을 깨치도록 인도하는 가르침이다. 어찌 보면 이 가르침의 길은 복잡하고 어려운 단계를 거치지 않는다는 점에서는 쉬울 수도 있지만, 반대로 훨씬 어려울 수도 있다. 자신의 마음을 있는 그대로 본다는 것은 결코 만만한 일이 아니기 때문이다. 그래서 선사들은 수많은 방편을 동원해서 제자들을 깨달음의 세계로 이끈다. 때로는 몽둥이가 동원되기도 하며, 심지어 제자의 손가락을 잘라 마음의 눈을 뜨게 한다. 어디 그뿐인가. 고양이를 죽이는 살생도 서슴지 않으며, 큰 소리로 '악!' 하고 외치기도 한다.

상식적으로 이해하기 힘든 행위가 의미를 갖는 것은 그러한 방편이 깨달음을 갈구하는 제자들의 당시 상황에 매우 적절했기 때문이다. 목이 마른 이에게는 물이 필요하고, 먹을 것이 없어 물로 배를 채우는 이에게는 빵이나 밥이 필요하다. 스승은 제자의 성향과 근기에 따라 여러 방편을 자유롭게 사용하였다. 말을 떠난 마음을 전하는 일이 선이라고 하지만 말이 필요한 제자도 있는 법이다. 어느 하나의 방법만을 고집하는 것은 선의 정신과 어울리지 않는다. 그렇게 되면 자칫 그들만의 리그로 전락할 수 있기 때문이다.

혜철이 스승인 서당을 처음 만나 했던 '무설지설無說之說'은 바로 이런 의미를 담고 있다. 선은 말을 떠나 있지만, 우리들이 사는 세계는 말이 필요한 곳이다. 그래야 일반인들도 알아들을 수 있기 때문이다. 혜철이 개창한 태안사에 여러 사람들이 와서 선뿐만 아니라 교학을 공부할 수 있었던 것도 그래서 의미가 있다 할 것이다. 불립문자不立文字는 언어가 필요 없다는 선언이 아니라, 문자에 얽매어 그것이 가리키는 것을 보지 못함을 경계해야 한다는 의미이다. 이러한 혜철의 지도 방법을 비문에는 다음과 같이 전하고 있다.

> 돈교頓敎와 점교漸敎를 닦는 사람들이 사선四禪의 방에 구름처럼 모여들었고 근기가 뛰어나거나 낮은 사람도 팔정八定의 문에 들어왔다.

돈頓(sudden)은 즉각적인 깨침을 강조하는 선의 전통인 반면 점漸(gradual)은 점차적인 수행을 강조하는 교학의 전통이다. 물론 돈교와 점교를 선불교에 한정해서 사용할 때는 혜능의 남종선이 돈교가 되고, 신수의

동리산문

북종선이 점교가 된다. 또한 각 종파에서 경전을 가치 판단에 따라 정리한 교판에 따르면 돈교와 점교의 대상이 달라진다. 예컨대 천태교판에서는 『화엄경』이 돈교에 속하고 부처님의 초기 교설인 『아함경』이 점교에 속하지만, 화엄교판에서는 『유마경』이나 『원각경』을 돈교로 구분하고 있다.

그러나 비문에서는 사선이나 팔정과 같이 점차적으로 깨달음에 이르도록 인도하는 교학의 가르침을 점교로 부르고, 곧바로 깨달음에 이르게 하는 선의 가르침을 돈교로 부르고 있다. 이를 쉽게 비유하자면 돈교가 케이블카를 타고 산 정상에 올라가는 길이라면, 점교는 천천히 걸으면서 올라가는 경우라 할 것이다. 물론 케이블카를 타고 가는 것이 쉽고 빠르지만 고소공포증이나 현기증 때문에 걸어서 올라가는 사람도 있다. 모두가 케이블카를 선택해야 하는 것은 아니다. 혜철은 일률적으로 하나의 길을 강조한 것이 아니라 다양한 사람들의 특성을 고려해서 각자의 근기에 맞는 가르침을 설했던 것이다.

그런데 여기에서 눈여겨볼 것은 혜철이 그들을 결코 손님으로 여기지 않았다(未爲賓)는 사실이다. 자신을 찾아오는 제자들 모두 깨달음의 길을 함께 가는 도반이라고 생각했던 것이다. 혜철은 케이블카를 타 보기도 하고 걸어서도 정상을 가 보았기 때문에 누구보다 그 길을 잘 알고 있었다. 그래서 그들의 손을 잡고 함께 나아갔던 참스승이 될 수 있었다.

선불교가 신라 사회에 큰 반향을 일으킨 것은 당시의 교학불교가 부와 지식을 갖춘 귀족이나 왕족들만이 향유할 수 있는 불교였기 때문이다. 선은 이를 타파하고 모든 사람들이 누릴 수 있는 불교를 지향하였다. 그런데 그런 선불교가 즉각적인 깨침만을 강조하고 다른 방편을 외면한다면 이

곡성 태안사 적인선사탑(보물 제273호)

동리산문

또한 근기가 뛰어난 사람들만을 위한 불교로 전락할 수 있다. 다시 말해 또다른 '그들만의 리그'가 생겨나고 마는 것이다. 혜철은 선사로서 자기 정체성을 유지하면서도 불교를 모든 사람들이 각자의 성향에 맞게 향유할 수 있는 리그로 만들고 싶었던 것이다.

고요에서 나오는 당당하고 겸손한 삶

혜철은 861년 77세의 나이로 생을 마감한다. 그리고 7년 후 경문왕은 왕명을 내려 시호를 '적인寂忍'이라 하고 행적을 갖추어 탑을 세우도록 하였다. 대개 시호는 그 사람이 평생 살아왔던 삶에 비추어서 짓기 마련이다. 원효를 '화쟁 국사和諍國師'라 한 것은 그가 평생 대립과 갈등으로 치달았던 교학의 쟁론을 아우르는 삶을 살았기 때문이다. 그렇다면 혜철의 시호인 적인에 담긴 의미와 인문 정신은 어떤 것일까?

적寂은 나와 너, 삶과 죽음, 오고감 등의 상대적인 모든 것이 소멸된 고요한 바탕이다. 그런 의미에서 고요함은 무아無我이고 무심無心이라 할수 있다. 혜철은 이런 고요함을 바탕으로 참는(忍) 삶을 살았다는 것이다. 그런데 여기에서 참는 것은 화났을 때 참는 것과 같은 일상적인 의미가 아니라 실존적으로 깊은 뜻이 내포되어 있다. 부처님이 전생에 인욕선인忍辱仙人으로 살면서 가리왕에게 팔과 다리가 잘렸다는 이야기는 널리 알려져 있다. 이때 제석천왕이 나타나 잘려 나간 팔과 다리를 다시 붙여 주었다. 그런데 인욕선인은 가리왕이 칼로 팔과 다리를 벨 때에도 미워하는 마음을 내지 않았으며, 또한 제석천왕이 팔과 다리를 붙여 줬을 때도 고마운 마음을 내지 않았다. 이를 가리켜 '양무심兩無心'이라 한다. 즉 인忍이라는 것은 그 어떤 경계를 만나서도 결코 흔들리지 않는 자유자재한 경지를 일컫는 말이다. 그것이 가능하기 위해서는 고요한 마음, 즉 무아와 무심이 되어야 한다. 혜철의 시호인 적인에는 바로 이런 의미가 담겨 있다.

이는 누군가로부터 도움을 받았을 때 수치심을 갖지 말고, 반대로 누군가를 도와줬을 때도 결코 도와줬다는 상相을 내지 말라는 의미로 해석할 수 있다. 또한 누군가 나에게 욕을 했을 때도 이를 공부로 삼아야지 거기에 흔들려서는 안 된다는 의미도 담겨 있다. 그런데 그것이 어디 쉬운 일이던가! 구마라집鳩摩羅什은 인욕忍辱을 '안인安忍'으로 번역하였는데, 개인적으로 이 번역이 더 마음에 든다. 진정한 인욕은 마음이 고요하고 편안한 무아의 경지일 때 가능하다고 믿기 때문이다. 혜철은 중국으로 가기 전에 이미 안인, 혹은 적인의 경지에 이른 것 같다. 비문은 이렇게 전한다.

나는 본래 무아이니, 일찍이 한 물건도 있은 적이 없다. 자성을 깨치고 나서 법이 본래 공空이면서도 공이 아님을 알게 되었다. 그러므로 묵묵黙黙한 마음이 곧 참마음이고, 적적寂寂한 지혜가 참지혜인 것이다.

혜철은 일찍이 한 물건도 없다는 무아의 실상을 깨치고 존재하는 모든 것이 곧 공이면서도 공이 아닌 진리를 체득한 것이다. 『반야심경』의 '색즉시공 공즉시색色卽是空 空卽是色'의 경지라 할 것이다. 즉 나를 포함한 모든 존재는 무아이고 공이므로 모든 차별이 없지만(色卽是空), 그러한 실상

동리산문

을 깨치고 나서 비로소 각자 지니고 있는 고유한 개성을 있는 그대로(空卽是色) 볼 수 있다는 것이다. 그렇게 보는 마음은 말을 떠나(黙黙) 있지만, 일상에서는 적적한 지혜로 얼마든지 활용할 수 있다. 인으로서 말이다. 비문에는 이러한 삶을 '묘용이 날마다 새롭다(用日新).'고 전하고 있다.

일반적으로 나보다 사회·경제적으로 나은 사람에게 공손하기는 쉽지만 당당하기는 어려운 법이다. 반대로 나보다 못하다고 생각하는 사람을 가볍게 대하기는 쉽지만 겸손하기는 힘들다. '나'라는 상을 가지고 대하기 때문이다. 불교에서 경계하는 것도 바로 이 부분이다. 진정한 적인의 삶은 강자 앞에선 당당할 수 있고, 약자 앞에서는 한없이 겸손할 수 있는 삶이다.

실제로 혜철은 그런 삶을 살았던 것 같다. 그는 임금에게는 당당하게 자신의 견해를 개진하였으며, 어렵게 사는 중생들과는 아픔을 같이 했다고 전해진다. 이를 비문에서는 '화광동진和光同塵'이라는 말로 압축하고 있다. 따스한 햇살이 창문을 통해 방안으로 들어오면 보이지 않던 먼지들이 보인다. 그 먼지와 같은 존재들이 바로 중생이다. 그와 더불어 기뻐하고 함께 아픔을 나누는 삶이 바로 화광동진이다. 자신을 드러내지 않은 채 말이다. 선에서는 그러한 삶을 최고의 경지라고 한다. 〈십우도十牛圖〉에서도 시장에서 사람들과 더불어 막걸리 한 잔 나누는 경지(入廛垂手)를 마지막 단계로 설명하고 있지 않은가. 이처럼 강자에게 당당하고 약자에게 겸손한 삶을 지향하는 인문 정신에서 우리는 선의 의미와 매력을 느끼는 것이다.

동리산문 이二조의 미스터리

고려를 건국한 왕건을 이야기할 때마다 단골처럼 등장하는 인물이
있다. 바로 선각 국사 도선先覺國師 道詵, 827~898이다. 그가 남겼다는 『도
선비기道詵秘記』에는 삼국을 통일할 인물로 왕건이 언급되었다고 한다. 왕
건이 태어나기 이전에 말이다. 그래서 이 예언서는 왕건을 소재로 만들어
진 드라마에 늘 등장한다. 그러나 이 책은 전하지 않을 뿐만 아니라 실제
로 존재했는지조차 정확히 알 수 없다. 원래 도참圖讖이니, 예언이니 하는
것들은 가공이 많을 뿐만 아니라 시대의 흐름에 따라 여러 내용들이 덧붙
여지기 마련이다. 이 책이 많은 사람들 사이에서 논란이 되는 이유도 여기
에 있다.

도선은 또한 동리산문과 관련해 논란의 중심에 있는 인물이기도 하다. 논란의 핵심은 도선이 동리산문과 관련이 있는가 하는 점이다. 어떤 이는 도선이 혜철의 법을 이어받은 동리산문 이二조로서 삼三조인 광자 대사 윤다廣慈大師 允多, 864~945에게 법을 전수한 인물이라고 주장한다. 이와는 반대로 도선은 동리산문과는 전혀 관련이 없을 뿐만 아니라, 심지어 도선이 실존 인물인지 의심스러울 정도라고 주장하는 이도 있다. 한 인물을 중심에 둔 의견이 극과 극을 달리고 있는 것이다.

「동리산기실」에는 옥룡사 도선이 상수上首가 되어 혜철의 발우를 전해 받았다(傳鉢)고 되어 있다. 즉 도선이 혜철의 여러 제자들 가운데 우두머리가 되어 전법의 징표로 의발을 전수받았다는 것이다. 이 기록에는 혜철 국사가 또한 여如 선사에게 법을 내려 주고 여 선사는 광자 대사에게 전하였다는 내용도 나온다. 여 선사는 태안사 주지 계보에 2대 주지로 기록되어 있는 인물이다. 그런데 주지 계보에는 '□ □ □ 如'로 나와 있다. 정확한 이름이 아닌 것이다. 여 선사는 861년부터 896년까지 35년간 혜철의 법을 이어받아 2대 주지로서 동리산문을 이끌고 윤다에게 3대 주지를 물려준 인물이다. 그럼에도 불구하고 정확한 이름은 물론 어떤 활동을 했는지에 대한 자세한 기록이 없다. 삼三조인 윤다의 탑과 기록이 전해지는 것에 비하면 쉽게 이해하기 힘든 부분이다. 전해지지 않아서 그런 것인지, 아니면 일부러 그런 것인지는 모르겠지만 미스터리한 부분이라 할 것이다. 대체적으로 도선과 여 선사를 별개의 인물로 보지만, 혹자는 여 선사가 곧 도선이라는 주장을 하기도 한다.

태안사와 도선에 관련된 자료들을 검토해 보면, 도선이 동리산문에

곡성 태안사 광자대사탑(보물 제274호)

서 그리 대접을 받지 못한다는 느낌을 받게 된다. 태안사 경내에 있는 안내판을 보더라도 "풍수지리설의 원조인 도선 국사도 태안사에 잠깐 머물러 혜철에게서 가르침을 받았고" 정도로만 소개되어 있다. 왜일까? 먼저 도선은 기록에 '옥룡도선玉龍道詵'으로 표현된 것처럼 '옥룡사파'라는 독자적인 종파로 활동했던 점을 들 수 있다. 옥룡사파는 풍수지리나 도참, 비보裨補 등을 중심으로 하는 종파로서 도선이 개창하였다. 여기서 비보란 약하거나 부족한 부분을 채운다는 뜻이다. 사람에게 병이 있으면 침이나 뜸을 놓아서 병을 낫게 하는 것처럼 풍수적으로 문제가 있는 지형에 탑이나 절을 세워 보완한다는 것이다. 이는 도선 풍수사상의 핵심이다. 선 수행을 중심으로 하는 선종 사찰에서 비록 방편이라고는 하지만 이러한 비불교적인 것을 수용하기는 힘들었을 것이다. 그래서 도선의 옥룡사파와 거리를 두려고 했던 것은 아닐까 싶다.

또한 도선과의 관련 때문에 태안사가 겪었을 고초를 생각하면 이는 무리도 아니다. 영생불멸의 비법이 나와 있다는 도선의 비기를 찾기 위해 수많은 사람들이 태안사로 몰려왔기 때문이다. 또한 조선 시대에 일어난 크고 작은 사화士禍나 반역 사건들 역시 도참이나 풍수지리와 관련되어 있었기 때문에 태안사는 많은 어려움을 겪어야 했다. 실제로 연산군 당시에는 태안사와 가까운 구례 지역에서 참언讖言을 만들어 역모를 도모했다 하여 많은 사람들이 참살되기도 하였다. 이런 점에서 보면 동리산문에서 도선과의 직접적인 관련성을 부정하려는 것은 어쩌면 당연한 일인지 모른다.

인忍의 정신을 계승한 광자 대사

동리산문 이二조는 미스터리로 남아 있지만, 삼三조인 광자 대사 윤다는 비교적 행적이 뚜렷하다. 태안사 일주문을 들어서면 오른쪽으로 광자대사탑비가 자리하고 있는데, 비신碑身이 분리되어 있고 거북 모양의 받침대인 귀부龜趺와 용 모양의 머릿돌인 이수螭首가 하나로 합쳐져 있다. 한국학문헌연구소에서 편찬한 『태안사지』에는 해제 부분에 "출처를 알 수 없는 이수가 놓여 있다."고 되어 있지만, 광자 대사의 이수는 본래 혜철 국사의 것이다. 1929년 혜철 국사의 비를 복원하면서 이 둘이 서로 뒤바뀐 것이다. 그 사실이 「동리산기실」에 실려 있다. 이러한 사연을 가진 광자대사탑비의 비신에는 윤다의 행적이 새겨져 있다.

윤다는 879년부터 945년까지 48년간 태안사 주지를 맡으면서 스승의 선을 계승하였다. 그런데 이 기간은 신라의 권력 기반이 무너지면서 후삼국 시대가 펼쳐졌으나 왕건에 의해 고려로 통일되는 격변기였다. 역사책이나 드라마에 종종 등장하는 견훤과 궁예, 왕건이 활약하던 시기였다. 이러한 혼란기를 겪으면서 중심을 잡고 산문을 지키는 일이 결코 쉽지만은 않았을 것이다. 그렇다면 이것이 가능했던 바탕에는 무엇이 있었을까?

혜철과 스승인 여 선사의 선사상을 계승하는 데 전념한 그는 굳이 유학의 필요성을 느끼지 못하였다. 이미 마음을 깨치고 자신에게 전승한 스승의 가르침이 있었기 때문이다. 그가 혼란한 시대적 상황에서도 선의 정체성을 유지하며 교학과 계율을 중시한 동리산문의 전통을 계승할 수 있었던 것은 바로 인의 정신이 그 바탕에 있었기 때문이다. 이와 관련되어 홍미로운 이야기가 전해진다. 어느 날 윤다의 꿈에 한 장수가 법당에 들어와 두 번을 참으라(忍)는 글자를 써서 보여 주었는데, 깨어나서 생각해 보니 참으로 기이한 일이었다. 그래서 그는 이렇게 말을 한다.

> "옛 사람이 이르기를 한 번 참으면 영원한 즐거움을 얻게 되고 또 한 번 참으면 오랫동안 세상을 살 수 있다 하였으니, 두 번을 참으라는 글자가 어찌 부질없다 하겠는가."

인은 윤다가 동리산문을 계승할 수 있었던 바탕이었다. 그리고 그것은 동리산문을 개창한 적인 선사의 인문 정신이기도 하다. 앞서 언급한 것처럼 인은 단순히 참는 것이 아니라 그 어떤 상황에서도 흔들림 없이 자기 중심을 지키는 일이다. 그렇기 때문에 영원한 즐거움을 얻을 수 있으며, 오랫동안 걸림 없이 세상을 살 수 있는 것이다.

왕건은 후삼국을 통일한 후 윤다를 궁궐에 초청하여 법담을 나누기도 하였다. 그중 인상적인 대목이 있다.

> "옛 선사가 마음이 부처라고 하였는데, 그 마음은 어떤 것입니까?"
> "열반에 이른 사람은 부처와 마음에도 머무르지 않습니다."
> "부처님은 어떤 과정을 거쳐 열반에 이르렀습니까?"
> "부처님은 과정이 없고 마음 또한 과정이 없습니다."

과정이나 단계가 없는 본래의 마음과 이에 대한 즉각적인 깨침을 강

곡성 태안사 광자대사탑비(보물 제275호)

동리산문

조하는 선의 기풍을 엿볼 수 있는 대목이다. 물론 부처와 마음의 세계는 과정이 없다지만, 우리의 삶은 과정을 필요로 한다. 마음과 현실 사이에는 간극이 있기 때문이다. 마음으로 아무리 잘 안다고 해서 몸으로 쉽게 살아지진 않는 법이다. 그 간극을 좁히기 위한 실천이 바로 교학과 계율이다. 동리산문이 선 이외에도 교학이나 계율을 중시한 이유가 바로 여기에 있다. 특히 윤다는 계율을 강조하였는데, 그가 입적하기 전에 남긴 마지막 유훈도 다름 아닌 계율에 관한 것이었다.

윤다가 태안사로 돌아온 이후 왕건은 동리산문에 대한 지원을 확대한다. 눈에 띄는 것은 무주를 지키는 수상으로 하여금 태안사를 왕실을 보호하는 것처럼 천자의 예로 대하도록 했다는 점이다. 윤다가 주지로 머물 당시 태안사에는 백여 채의 건물과 천여 명의 승려들이 있었으며, 그 지역에 있던 송광사나 화엄사 등을 비롯한 대부분의 사찰들이 태안사의 말사였다고 한다. 윤다와 태안사의 위상이 느껴지는 대목이다.

답사를 마치고 돌아오는데, 태안사 근처에 복숭아를 재배하면서 직접 팔기도 하는 과수원들이 많이 보였다. 먹음직스러워 보이기에 사서 먹어 보니 무척 달고 맛이 있었다. 복숭아는 우리 몸의 혈액을 촉진하고 신진대사를 활발하게 해 주는 데 탁월한 효능이 있다고 한다. 나말여초의 혼란기에 동리산문의 선사상을 지키면서 교학과 계율을 함께 닦는 전통을 수립할 수 있었던 것은 어떤 상황에서도 흔들리지 않았던 인의 정신이 그 바탕에 있었기 때문이다. 그러니 선과 교, 계율에도 막힘이 없었으며, 혼란의 시기에도 원활하게 산문의 정신을 펼칠 수 있었던 것이다. 광자 대사는 복숭아를 닮았다는 생각이 문득 스쳐지나갔다.

답.사.노.트.
동리산문의 흔적을 찾아서

🎴 사찰 및 사지

곡성 태안사

전라남도 곡성군 죽곡면 태안로 622-215.
통일신라 경덕왕 원년에 창건된 것으로
전하는 이 사찰은 혜철이 머물면서
동리산문의 중심 사찰이 되었다.
이후 동리산문 3조인 윤다에 의해 크게
중창되었다. 하지만 한국전쟁 당시 큰
피해를 입게 되었고, 현재 남은 건물은
대부분 복원된 것이다. 경내에는 보물
제273호로 지정된 적인선사탑과 보물
제274호 광자대사탑, 보물 제275호
광자대사비, 보물 제956호로 승무를
출 때 사용하던 태안사 청동 대바라,
보물 제1349호인 태안사 동종 등이 있다.
태안사는 전라남도 문화재자료 제23호로
지정되어 있다.

🎴 유물 및 문화재

곡성 태안사 적인선사탑

전라남도 곡성군 죽곡면 태안로 622-215.
태안사 내 동리산문 개산조인
혜철의 사리를 모신 탑이다.
이 탑의 탑호는 '조륜청정'으로서
'적인선사조륜청정탑'이라 부르기도 한다.
현재 보물 제273호로 지정되어 있다.

곡성 태안사 광자대사탑

전라남도 곡성군 죽곡면 태안로 622-215.
태안사 입구에 있는 동리산문 3조 윤다의
사리탑이다. 윤다는 945년 입적하였는데,
탑비의 건립은 950년이었으니 이 승탑의
건립은 이 사이에 이루어진 것으로 볼 수
있다. 보물 제274호로 지정되어 있다.

곡성 태안사 광자대사탑비

전라남도 곡성군 죽곡면 태안로 622-215.
태안사 내 자리한 윤다의 탑비이다.
950년 건립된 것으로 알려진 이 탑비는
현재 비문이 새겨진 몸돌이 파괴되어
일부만 남아 있고, 거북받침 위에 머릿돌만
얹혀 있는 상태이다. 비문에는 윤다가
출가해 법을 받는 과정, 공양왕과의 문답
등이 새겨져 있다. 보물 제275호이다.

태안사 경내에서 본 일주문
(전라남도 유형문화재 제83호)

$\underline{4}$

성
주
산
문

聖住山門

성주산문 법맥도

마조 도일	마곡 보철	무염	심광	현휘
馬祖道一	麻谷寶徹	無染	深光	玄暉
709~788	생몰년 미상	801~888	생몰년 미상	879~941

중국 선종   중국 선종

● 개산조
○ 실제 개산

동방의 대보살, 낭혜 무염

동방의 대보살

구산선문 가운데 사찰은 사라지고 사지寺址만 남아 있는 곳이 몇 군데 있다. 성주산문도 그중 한 곳이다. 그곳을 찾은 날 하늘에서는 빗방울이 떨어지고 있었다. 한때는 구산선문의 중심 사찰로서 위용을 자랑하던 곳인데, 지금은 거의 사라지고 흔적만 남아 있으니 세월의 무상함이 절로 느껴진다. 성주사聖住寺는 글자 그대로 성인이 머물렀던 도량이다. 그 성인은 다름 아닌 낭혜 무염이다. 그가 얼마나 위대한 삶을 살았기에 임금이 성주사라는 이름을 내렸을까?

낭혜 무염은 무열왕의 8대손으로 알려져 있다. 그의 집안은 조부 때까지 진골 귀족이었지만 아버지 김범청金範淸에 이르러 육두품으로 강등된

보령 성주사지(사적 제307호)

다. 이에 대해 822년 일어난 김헌창의 난에 연루되어 육두품으로 강등되었다는 설이 있는가 하면, 종가의 주인이 바뀌고 새로운 진골 집단이 편성됨으로써 방계였던 무염의 부친이 자연스럽게 강등되었다는 주장도 있다. 구체적인 사정이야 알 길이 없지만 어쨌든 무염은 신라 사회의 골칫거리였던 골품제의 콤플렉스를 안고 있었던 셈이다.

그는 어려서부터 유학을 열심히 공부했던 것 같다. 출사의 꿈을 안고서 말이다. 그러나 당시는 진골 귀족들의 수가 넘쳐나면서 그들에게 돌아갈 관직조차 남아나지 않은 상황이었다. 그러니 아무리 열심히 공부한다고 해도 높은 관직으로 진출하는 데는 한계가 있었다. 당시의 부조리한 상황에 염증이 났던 것일까? 무염은 사람들이 공부하는 유학을 비롯한 법가法家나 명가名家사상들이 비루하게 느껴졌다. 마침내 그는 공부를 그만두고 출가를 결심한다. 그때의 나이가 13살이다.

그가 출가한 곳은 설악산의 오색석사五色石寺로 알려져 있다. 그곳에서 무염은 중국에서 능가선楞伽禪을 배우고 돌아온 법성 선사法性禪師로부터 『능가경』을 배웠다. 이 경전은 북종선의 소의경전이다. 그렇다면 무염이 출가하여 최초로 접한 것은 북종선이 된다. 그러나 그는 스승의 가르침과 자신이 깨달은 것에 차이가 있음을 느끼고 그곳을 떠난다. 스승은 중국 유학을 권유했지만 무염은 의상義湘이 창건한 부석사로 가서 화엄과 선을 공부한다. 당시 부석사는 화엄뿐만 아니라 선도 공부할 수 있는 여건이 조성되어 있었던 것이다.

그러나 부석사에서도 무염은 그리 만족할만한 성과를 얻지 못한 것 같다. '조그만 구멍에 담긴 물에는 잔을 띄울 수 없다.'는 것을 느낀 무염은 보다 넓은 세계로 나아가기로 결심을 굳힌다. 그러나 그 길 또한 쉽게 허락되지 않았다. 그는 친구인 도량道亮과 함께 중국으로 가는 배에 올라타지만 폭풍우를 만나 보름 동안을 표류하다 겨우 목숨을 건지게 된다. 그렇다고 중국에 가고자 하는 그의 의지가 꺾인 것은 아니었다. 드디어 그는 822년 중국 땅에 도착하게 된다. 그해는 신라 사회를 크게 흔들었던 김헌창의 난이 일어난 해이다.

그가 당나라에 도착해서 제일 먼저 찾은 곳은 지상사至相寺이다. 이곳은 종남산에 위치한 사찰로서 의상 대사가 화엄종 이二조인 지엄智儼으로부터 화엄을 배운 곳이다. 무염이 이곳을 먼저 찾은 이유도 바로 화엄을 공부하기 위해서였다. 그러나 이곳에서 그는 얼굴이 검은 노인을 만나 "멀리 모든 물건에서 취하려 하니, 어찌 부처를 알 수 있겠는가?"라는 말을 듣고 깨달은 바가 있어서 경전 공부를 그만 두고 선종으로 눈을 돌린다. 그는 불광사佛光寺에 머물던 마조 도일의 제자인 여만如滿을 찾아가 법담을 나눈다. 법담을 통해 무염이 큰 그릇임을 알아본 여만은 이렇게 말한다.

"내가 많은 사람들을 겪어 보았으나, 그대와 같은 동국인을 만나는 것은 드문 일이다. 훗날 중국에 도가 끊어지면 동국에 가서 물어야 할 것이다."

여만으로부터 심인을 얻은 무염은 다시 마곡 보철麻谷寶徹을 찾아간다. 보철 역시 여만과 더불어 마조의 문하에서 선을 공부한 인물이다. 마곡으로부터 법을 전수받은 무염은 스승을 지극 정성으로 모신다. 그래서인지 당시 함께 공부했던 도반들은 무염을 유검루庾黔婁에 비유하곤 하였다. 유검루는 아버지의 병세를 살피기 위해 변을 직접 맛볼 정도로 효성이 지극했던 남북조 시대의 인물이다. 어떤 마음으로 스승을 모셨는지 알 수 있는 대목이다.

스승이 입적하자 무염은 여러 곳을 다니면서 고아나 가난한 이들을 위해 보살행을 한다. 그는 어려운 이웃들을 마치 임금을 받드는 마음으로 보살폈으며, 그들을 위해 자신의 몸을 아끼지 않고 종처럼 일을 했다. 우리는 이 부분을 특히 눈여겨보아야 한다. 선은 관념 속에서 안주하는 것이 아니라 삶속에서 실천되어야 한다는 것을 직접 보여 주었기 때문이다. 특히 깨달음은 자신을 위한 수행이 아니라 이타행을 통해 완성될 수 있다는 점에서 무염의 보살행은 매우 중요한 의미를 지닌다. 이에 감동받은 중국인들은 그를 가리켜 동방의 대보살이라 칭송하였다.

성인이 머무는 공간

무염이 중국에서 20여 년 동안의 보살행을 마감하고 신라로 돌아온 것은 845년의 일이다. 그 역시 당나라에서 폐불 사건이 일어났기 때문에 강제로 귀국할 수밖에 없었던 것이다. 물론 무염의 귀국은 그들에게 있어 불행일지 몰라도 우리에게는 행운이 아닐 수 없다. 대보살의 보배로운 비가 이제는 신라 땅에 내리게 되었으니 말이다.

무염은 귀국한 지 2년 정도 흐른 847년경 충남 보령 지역에서 성주산문을 개창하기에 이른다. 그가 산문을 여는 데 결정적인 역할을 한 인물은 김흔金昕, 803~849과 김양金陽, 808~857이다. 이 둘은 당시 정치적으로 매우 중요한 위치에 있었던 인물로 서로 종형제 사이였지만 정치적으로는 대립 관계에 있었다. 결국 김양의 승리로 김흔은 몰락의 길을 걷지만, 지방 호족으로서의 영향력은 여전히 남아 있었다. 성주산문은 이전 권력이었던 김흔과 이후 권력인 김양의 후원으로 개창하게 된 묘한 인연을 가진 곳이다.

그런데 흥미로운 것은 무염과 김흔, 김양이 모두 무열왕의 후손이라는 점이다. 김흔과 김양의 정치적 대립은 어찌 보면 집안싸움인 셈이다. 성주산문의 개창은 정치적 대립으로 인해 분열되었던 김주원계 집안을 화해시키는 역할을 했는지 모를 일이다. 또한 김흔과 김양이 성주산문 개창의 지원 세력이었다는 점에서 보면, 성주사는 지방 호족과 중앙 귀족 양쪽의 도움을 받아 성장한 경우라 할 것이다.

성주산문이 개창됐다는 소식을 들은 문성왕은 '성주사'라는 이름을 직접 내려준다. 그때까지 성주사는 '오합사烏合寺'라는 이름으로 불렸던 사찰로서 폐허나 다름없는 공간이었다. 그런데 무염이 주석하면서 성주사는 비약적인 발전을 이루게 된다. 비문에 의하면 당시 이곳의 건물이 수백 채에 달했으며 이름만 들어도 알만 한 인물이 무려 이천여 명에 이르렀다고 하니 무염과 성주사의 위상을 짐작할 수 있을 것이다.

수많은 사람들이 무염 주위에 몰렸던 이유는 다른 데 있지 않았다. 그것은 바로 중국에서 했던 것처럼 선을 관념이 아니라 실천으로 보여 줬기 때문이다. 나를 낮추면 세상이 나를 높여 주고 나를 높이면 세상이 나를 낮춘다고 했던가. 그는 항상 스스로를 낮췄으며, 먹는 것과 입는 것 역시 다른 사람들과 똑같이 했다. 건물을 짓거나 수리할 때는 남들보다 앞장

서서 일을 했으며, 물을 길어 나르거나 땔나무를 나르는 일까지도 직접하였다. 그러자 무염의 명성이 온 나라에 가득하여 선비들은 그의 선문禪門을 모르는 것을 일생의 수치로 여길 정도였다 한다.

일반적으로 위대한 업적을 남긴 선사들이 입적하게 되면 탑을 세우고 비문을 짓는다. 하지만 살아 있을 때 그 업적을 기리기 위해서 비를 세운 경우는 무염이 유일하다. 그리고 그는 경문왕과 헌강왕憲康王 두 대에 걸쳐 국사로 책봉되었는데, 무염이 왕궁에 들어가면 왕이 직접 그에게 향을 올리고 제자의 예를 갖춰 삼배를 올렸다 한다. 결코 쉽게 볼 수 없는 일들이다.

답사를 간 날 성주사지에서는 비가 내리는 중에도 발굴 작업이 한창이었다. 낭혜 무염의 삶과 성주사의 생생한 모습이 드러날 수 있는 성과물이 많이 나왔으면 하는 바람이다. 그곳은 평생을 여법如法하게 살다간 동방의 대성인이 머물렀던 공간이니 말이다.

보령 성주사지 낭혜화상탑비_(국보 제8호)

마음과 언어

유설토와 무설토

우리가 일상적으로 사용하는 언어에 대해 철저하게 고민했던 철학자로 비트겐슈타인Ludwig Wittgenstein, 1889~1951이 있다. 그는 '말할 수 있는 것은 명료하게 말하라. 그러나 말할 수 없는 것에 관해서는 침묵을 지켜야 한다.'라는 유명한 말을 남겼다. 이 말을 그대로 불교에 적용한다면 우리가 할 수 있는 말은 아무것도 없을 것이다. 왜냐하면 불교의 핵심인 깨달음 (覺)은 언어로 표현할 수 없기 때문이다. 이를 언어의 길이 끊어졌다 해서 언어도단言語道斷이라 한다. 따라서 침묵만이 필요할 것이다.

깨달음은 언어뿐만 아니라 일상적인 마음으로도 헤아릴 수 없는(心 行處滅) 깊은 종교적 체험을 가리킨다. 그런데 언어와 마음을 떠난 세계를 부처님은 45년 동안이나 우리에게 전해 주었다. 부처님의 말씀을 모아 놓은 대장경은 다른 종교의 성전聖典과 비교하면 압도적으로 많은 양을 자랑한다. 말로 표현할 수 없다고 하면서도 가장 많은 말을 하고 있으니, 참으로 아이러니한 일이 아닐 수 없다.

이유는 분명하다. 깨달음의 세계가 언어를 떠나 있다고 하지만 언어가 없다면 그 세계와 교통할 수 없기 때문이다. 그래서 부처님은 수많은 말씀을 통해 우리에게 그 세계에 대한 설명을 친절하게 해 주었다. 그 덕분에 우리가 불교에 대해서 공부도 하고 사색이나 신행 활동을 할 수 있는 것이다. 그러나 여기에서 경계해야 할 것은 언어로 표현된 것이 실재(reality) 그대로가 아니라는 사실이다. 즉 언어는 실재의 세계를 우리가 이해할 수 있도록 동원된 방편이라는 것이다. 불교경전에 상징이나 은유, 비유 등이 많이 등장하는 것도 바로 이 때문이다. 이러한 방편들을 통해 깨달음의 세계로 건너갔다면 더 이상 방편은 필요하지 않다.

선의 세계에서도 이는 그대로 적용된다. 이를 상징적으로 보여 주는 인물이 선을 중국에 처음으로 소개한 달마 대사다. 그는 소림사에서 9년 동안 면벽 수행을 하며 침묵으로 일관했다. 선은 말이 아니라 마음으로 전해지는(以心傳心) 세계임을 보여 준 것이다. 이처럼 말이 아니라 마음으로 직접 전하는 전통을 일컬어 '달마선達磨禪'이라 한다. 이에 반해 언어를 통한 가르침을 전하는 전통을 '여래선如來禪'이라 부른다.

무염은 출가한 후 여러 방면에 걸쳐 공부를 하였다. 처음에는 능가선을 공부하였고 화엄을 수학한 다음 비로소 남종선에서 전하는 마음을 깨치게 되었다. 그는 교학을 통해 깨달음의 세계를 이해하고, 선을 통해 마침내 깨달음을 체험한 것이다. 『조당집』에는 무염의 선사상을 전하는 중요한 내용이 언급되어 있다.

> 선법을 바르게 전하는 근기는 법을 구하지 않기 때문에 스승도 필요하지 않으니, 이것이 혀 없는 국토(無舌土)이다. 또한 진실에 맞추어 법을 구하는 이는 임시적인 이름인 말로써 설명을 하나니, 이것이 혀 있는 국토(有舌土)이다.

흔히 '무설토론無舌土論'이라 불리는 무염의 선사상은 선과 교의 차이와 역할에 대해서 말해 주고 있다. 그는 선과 교의 차이를 상징적으로 드러내는 용어로 혀(舌)를 선택하였다. 혀는 곧 말을 의미한다. 따라서 선은 말을 떠난 마음의 세계를 가리킨다. 이 세계에서는 스승과 제자는 물론이거니와 부처와 중생의 구별도 있을 수 없다. 우리들 모두가 본래 갖추고 있기 때문이다. 비문에 전하는 것처럼 부처와 스승이라고 해서 특별한 종자를 가지고 있는 것은 아니다. 그러니 특별히 구해야 할 법이 있는 것도 아니다. 자신의 본바탕을 곧바로 깨치면 되는 일이다. 무염은 혀가 필요 없는 무설토의 선을 앙산 혜적仰山慧寂, 807~883의 말을 인용하여 '정전문正傳門'이라 하였다. 불법을 바르게 전하는 문이라는 뜻이다.

이처럼 말 없는 세계는 마음으로 다가갈 수 있지만 그렇게 하지 못한 이들은 그 세계를 이해할 수 있는 언어가 필요하다. 그런데 언어는 임시적이고 방편적인 성격을 지니고 있다. 마치 달을 가리키는 손가락(標月之指)처럼 말이다. 곧바로 달을 볼 수 없는 이들에게 손가락이라는 방편은 매

보령 성주사지 오층석탑과 성주사지 석등
(각각 보물 제19호, 충청남도 유형문화재 제33호)

우 중요하다. 그것은 곧 불을 피우기 위해 부싯돌이 필요한 것과 같다. 그 방편이 바로 경전을 근거로 하는 교학의 체계이다. 무염은 유설토有舌土의 교학을 역시 앙산의 말을 인용하여 '응기문應機門'이라 하였다. 중생들의 근기에 따라 방편을 제시하는 문이라는 뜻이다. 말할 것도 없이 달을 보았거나 불을 피웠으면 손가락이나 부싯돌은 더 이상 필요하지 않다.

언어는 마음에 이르는 길

무염의 무설토론은 선이 교보다 우위에 있음을 강조하기 위한 사상이 아니다. 오히려 교학의 필요성을 언급한 것이라 이해할 필요가 있다. 우리가 사는 세계는 마음뿐만 아니라 언어 역시 중요한 위치를 차지하기 때문이다. 새로운 사상이 소개될 때는 기존의 전통을 강하게 부정하려는 경향이 있다. 기존의 가치 체계와 경쟁하면서 새로운 대안을 제시해야 하는 상황에서 자신의 입장을 강조하는 것은 당연한 일이다. 그러나 무염은 선을 강조하기 위해서 교를 부정한 것이 아니라 선과 교가 지니는 역할에 초점을 맞춰 자신의 입장을 드러냈다.

『선문보장록』에는 무염이 스승인 법성 선사에게 선과 교의 차이를 묻는 대목이 나온다. 스승은 이렇게 대답한다.

"만조백관은 모두 자기의 직무를 수행하고 제왕은 용상에서 팔짱을 끼고 아무런 말도 하지 않는다. 그러므로 백성은 모두 태평성대를 구가하는 것이다."

그런데 이 부분이 서산 대사西山大師의 『선교석禪教釋』에는 『무염국사별집無染國師別集』을 인용하여 문성대왕이 선과 교의 높고 낮음에 대해서 묻고 무염 국사가 대답한 것으로 나온다. 여기서는 팔짱을 낀 채 아무런 말도 하지 않는 제왕을 선에 비유하고, 각자 맡은 직무를 수행하는 신하를 교학에 비유하고 있다. 왕이 신하보다 높은 위치에 있는 것처럼 선이 교학보다 우위에 있다는 의미로 볼 수 있으나 꼭 이렇게 이분법적으로 해석할 필요는 없다. 왜냐하면 국가는 임금 혼자서 다스릴 수 있는 공간이 아니기 때문이다. 고위 관료부터 각급 기관에서 일하는 실무자에 이르기까지 유기적으로 움직여야 나라는 운영될 수 있다. 정책을 입안하고 그것을 집행하기까지 수많은 사람들을 필요로 한다는 것이다. 이렇듯 만조백관으로 비유되는 교학이 현실 세계에선 여전히 의미를 지닌다.

무염은 오히려 선종과 교종의 우위에 대해 논쟁하는 것을 경계하고 있다. 중요한 것은 둘의 차이를 두고 논쟁하는 것이 아니라 부처님의 말씀을 그대로 믿고 수행자로서 바른 길을 가는 데 있기 때문이다. 비문에는 이렇게 전하고 있다.

교종과 선종이 같지 않다고 말하는 사람도 있지만, 나는 다르다는 종지宗旨를 보지 못하였다. 쓸데없이 말이 많은 것일 뿐 나는 알지 못한다. 나와 같다고 해서 옳은 것이 아니며, 나와 다르다고 해서 그른 것이 아니다.

자신과 다른 길을 가는 사람을 그르다고 서로 비난하는 풍토가 당시

성주산문

에도 있었다. 무염은 비록 선사로서 자신의 정체성을 유지했지만 결코 교학을 그르다고 보지 않았다. 교학의 역할이 분명히 있기 때문이다. 교학이 필요 없다고 하는 것은 마치 부싯돌 없이 불을 피울 수 있다고 말하는 것과 같다. 부싯돌은 불을 피우고 나면 필요 없지만 그 전에는 반드시 필요하다. 마찬가지로 선의 세계, 마음의 세계를 깨치고 나면 말이 필요 없지만, 그 세계가 어떤 것인지를 알기 위해서는 반드시 말이 필요하다. 이를 알지 못하고 서로 잘났다고 우기는 것은 큰 길을 보지 못하고 '샛길 속의 샛길(岐中之歧)'만 보는 일이다.

　　무설토가 깨달음의 세계, 마음의 세계라면 유설토는 우리들이 사는 언어의 세계이다. 자신의 마음을 말로 표현하지 않으면 상대가 알기 어렵다. 물론 한 마디 말없이 서로 소통할 수 있는 사람도 있지만, 마음을 말로 표현하지 않아서 관계가 소원해지는 경우도 많은 것이 사실이다. 사랑한다면 사랑한다고 말을 해야 한다. 그러고 나서 서로의 사랑을 느끼면 되는 일이다. 사랑한다는 말을 하지 않으면 연인들의 사랑은 이루어지지 않는다. 말한 이후에는 굳이 말이 없어도 된다.

　　부처님뿐만 아니라 수많은 선사들이 말을 떠난 마음을 강조하면서도 수 없이 많은 말을 했단 사실을 기억하기로 하자. 선사들이 남긴 그 많은 어록들은 언어가 아니고 무엇이겠는가. 그들의 언어는 모두 마음의 세계를 가리키는 방편으로서 의미를 지닌다. 선사들은 결코 언어 자체를 부정하지 않았다. 그들이 경계한 것은 언어가 가리키는 마음의 세계에 이르지 못하고 언어 자체에 집착하는 것이었다. 언어는 마음에 이르는 길이다. 무염이 무설토와 유설토를 말한 속내도 바로 여기에 있다.

진리에는 차별이 없다

『안거』(봉문, 2007)라는 책에서 어느 스님은 성주사지에 올 때마다 잃어버린 엄마와 형제, 이웃을 만난 것 같다고 하였다. 그만큼 따뜻하면서도 애처롭다는 것이다. 시인이기도 한 스님은 다시 이곳에 온다면 하늘에 계신 엄마를 꼭 불러 업고 이 아름다운 천년 터에서 숨바꼭질도 하며 신나게 놀아 보겠다고 한다. 그리고 드넓은 대지 위에 펼쳐 놓았던 성주사 석공들의 예술혼이 담긴 석탑들을 보면서 이런 시를 남겼다.

보라! 저것은 탑인가, 무위無爲인가? / 1,200년 세월을 뜯어내어 / 우리들 심장을 두드리고 있는 / 해탈의 소리임을 아는가.

한때는 선불교의 성지로서 위용을 자랑했던 성주사의 옛 이름은 '오합사'이다. 백제 법왕法王이 전쟁에서 사망한 군인들의 영혼을 달래기 위한 목적으로 건립한 호국 사찰이다. 백제가 멸망한 후에는 태종무열왕의 둘째 아들인 김인문金仁問의 원찰願刹로 자리를 잡았는데, 김헌창의 난으로 인해 폐사나 다름없는 상태로 방치되었다가 낭혜 무염이 이곳에 주석하면서 선불교의 중심 사찰로 새롭게 태어났다. 이를 계기로 당시 불교계는 물론 신라 사회에 새로운 기운을 불어넣은 곳이기도 하다.

이곳은 임진왜란 때 소실되어 지금은 국보 제8호인 낭혜화상탑비와 금당 터의 석조연꽃대좌, 오층석탑, 세 기의 삼층석탑 등이 남아 있다. 특히 눈에 띄는 유물이 있는데 바로 석불입상이다. 코는 닳아 새로 붙여졌으며, 다른 부분도 여기 저기 시멘트로 보수한 흔적이 남아 있었다. 답사일 당시에는 석불 전체를 보수하는 중이어서 가까이 다가갈 수 없었다.

누군가는 아들을 낳겠다는 염원을 담아 석불의 코를 떼어 갔을 것이다. 코가 닳아 없어진 석불을 마주할 때마다 느끼는 것이지만, 불교를 말살하려는 조선 유학자들의 의도가 엿보여 썩 기분이 좋지 않다. 그들은 석불의 코를 떼어다 갈아 마시면 아들을 낳는다는 속설을 퍼트려 자연스럽게 불교의 흔적을 지우려 하였다. 참으로 기발한 발상이다. 그 모진 세월을 어찌 견뎠을까?

석불의 얼굴에서 왠지 모를 슬픔을 느낄 즈음, 석불의 그 표정이 성주산문 당시 골품제의 차별에 힘겹게 살아야 했던 민초들의 표정 같아 보였다.

국가로부터 버림받은 이들이 의지할 데는 별로 없었다. 그들은 산속

보령 성주사지 석불입상(충청남도 문화재자료 제373호)

으로 들어가 도적이 되기도 하였는데 어느 날 성주사에 몰려와 약탈하려 했다. 그러나 무염은 넓은 품으로 상처받은 민초들을 감싸 안았다. 「숭암산 성주사사적崇巖山聖住寺事蹟」에는 그때의 일을 "지혜의 횃불로 그들의 눈을 이끌어 주고 불법의 즐거움으로 그들의 배고픔을 채워 주었다."고 전하고 있다. 무염의 감화를 받은 그들은 개과천선하였으며, 출가를 하여 도를 깨친 자가 백여 명에 이르렀다 한다. 도적들마저 바른 길로 이끌었던 무염의 모습에서 진리에는 그 어떤 차별도 없음을 새삼 느끼게 된다.

실제로 무염은 자신을 찾아오는 사람들의 신분을 전혀 고려하지 않았다. 그들이 귀족이건 농민이건, 교종의 승려이건 선종의 승려이건 관계없이 모두를 포용하였다. 자신의 마음을 깨치는 데 신분은 아무런 관련이 없기 때문이다. 진리의 힘이 위대한 것은 바로 차별이 없다는 데에 있다. 혜능이 스승인 홍인에게 "불성에는 남과 북의 차별이 없다."고 했던 선의 정신이 이곳 성주사에서 실현되고 있었던 것이다. 인간에 대한 무한한 신뢰는 성주산문을 이끌어가는 근본정신이었으며, 또한 성주산문이 번창할 수 있었던 요인이기도 하였다.

사람 자체가 목적이다

지리산을 품고 있는 경남 함양에는 아름답게 조성된 인공 숲, 상림 공원이 자리하고 있다. 이곳은 신라 말 대학자로 알려진 최치원이 홍수 때마다 하천이 범람하여 지역이 많은 피해를 입게 되자 이를 방지하기 위해 지리산에 있는 나무를 옮겨 심어 조성한 숲이다. 백성들의 실제 삶에 대한 관심이 만들어 낸 위대한 결작이라 할 것이다.

　　누구보다 골품제의 모순을 느끼고 있던 최치원은 이를 해결하고자 시무십여조時務十餘條를 임금에게 제출하였다. 타고난 신분이 아닌 능력에 따라 인재를 등용하면 부패한 신라 사회를 쇄신할 수 있다는 문제의식의 발로였다. 그러나 그의 개혁 의지는 기득권의 저항에 막혀 실패로 끝나고 만다. 자신의 개혁 정책이 좌절되자 그는 여기저기를 떠돌다 가야산 해인사에서 삶을 마감했다.

　　그런 그가 무염의 입적 후 임금의 명을 받아 비문을 쓴 주인공이다. 참고로 무염의 생애가 담긴 자료는 최치원의 「낭혜화상탑비명」 외에도 김입지金立之가 쓴 '성주사비'의 비문과 헌강왕이 지은 '심묘사비沈妙寺碑' 비문이 있다. 성주사비는 현재 잔편만이 전하고 있으며, 심묘사비는 전하지 않는다.

　　비문을 쓰기 위해 무염의 삶을 찬찬히 살펴보던 최치원의 눈에 유독 어느 한 대목이 들어왔다. 그것은 그가 그토록 이루고자 했던 능력에 따른 인재 등용을 무염이 임금에게 강조한 부분이었다.

　　무염과 최치원은 둘 다 육두품으로 골품제에 대한 부조리를 피부로 느낀 인물들이다. 특히 최치원은 골품제의 한계를 극복하려고 어린 나이에 당나라로 유학 가서 과거에 합격한 후 벼슬까지 하였다. 그러나 꿈을 안고 돌아온 고국의 현실은 그에게 오히려 좌절만 안겨 주었다. 그는 비문을 쓰면서 부조리한 신분제를 극복하고자 했던 무염의 마음을 느꼈을지 모른다.

　　일반적으로 육두품을 가리키는 별칭으로 '득난得難'이라는 용어가 있

보령 성주사지 삼층석탑
(세 기 중 가운데 있는 석탑은 보물 제20호, 서쪽의 석탑은 보물 제47호,
동쪽 석탑은 충청남도 유형문화재 제26호로 지정되어 있다.)

다. 비문에도 나오는 이 말은 아무리 능력이 있더라도 그 이상은 얻기 어렵다는 뜻이다. 득난이 9세기에 진골이 분화해 독자적으로 성립한 신분이라는 견해도 있으나 분명하지는 않다. 아무튼 이 용어는 당시 골품제의 한계를 보여 주는 상징적인 용어라 할 것이다. 아무리 능력과 자질이 있어도 높은 관직은 진골들만의 차지가 되었다. 또한 서로 좋은 자리를 차지하려는 진골들끼리의 권력 싸움은 신라 사회를 더욱 부패하게 만들었다. 무염은 골품제의 개혁 없이는 신라 사회를 쇄신할 수 없단 문제의식을 가지고 있었다.

헌강왕이 무염에게 정치적 조언을 구했을 때 무염은 깔끔하게 세 글자로 자신의 생각을 전했다. 능관인能官人, 즉 그 사람의 신분이나 배경이 아니라 능력에 따라 사람을 등용하라는 것이다. 이 짧은 단어 속에는 골품제로 인해 유능한 인재가 등용되지 못하는 상황에 대한 준엄한 비판이 담겨 있다. 이는 골품제의 한계로 인해 개혁에 대한 꿈을 접어야만 했던 최치원의 마음이기도 하였다. 그 마음을 보여 주기라도 하듯 성주사지 바로 위에는 최치원의 신도비가 쓸쓸하게 자리하고 있었다.

무염은 승속을 떠나 누구를 만나더라도 항상 일관성을 유지하였다. 다시 말해 모든 사람을 차별 없이 평등하게 대했다는 것이다. 그가 만나는 모든 사람은 곧 부처였기 때문이다. 신라는 그런 거룩한 존재들을 골품제라는 사슬로 억압하고 폭력을 가했다. 이런 상황에서 무염은 모든 사람은 평등하다는 것을 단지 관념이 아니라 온몸으로 실천했으니 사람들이 구름처럼 몰려드는 것은 당연한 일일 것이다.

독일의 철학자 칸트Immanuel Kant, 1724~1804는 다음과 같은 유명한 말을 남겼다.

"그대는 그대 자신의 인격에 있어서건 타인의 인격에 있어서건 인간성을 단지 수단으로만 사용하지 말고 항상 동시에 목적으로 사용하도록 행위하라."

'정언명령 제2원칙'으로 알려진 이 말은 신분에 관계없이 모든 인간을 수단이 아닌 목적으로 대하라는 뜻이다. 그런데 이 원칙은 조건이 붙은 명령이 아니라 무조건적인 명령이다. 그 자체가 절대적으로 옳기 때문이다. 이는 곧 모든 사람을 부처로 대했던 무염의 인문 정신이기도 하다. 신라의 골품제는 백성을 목적이 아닌 수단으로 대하였다. 그러니 진골 귀족을 위해서 민초들이 희생되는 것은 아무 일도 아니었다. 그들에게 목적은 오직 왕족과 귀족들뿐이었으며, 나머지는 그들을 위한 수단에 불과했던 것이다. 이러한 상황에서 무염은 고단하게 사는 백성들 역시 그 자체로 존엄하다고 외쳤으며, 실제로도 그 외침에 걸맞는 삶을 살았다.

이러한 무염의 인문 정신은 오늘날에도 계승되어야 한다. 오늘의 세계 역시 사람을 목적이 아닌 자본과 권력, 전쟁을 위한 수단으로 취급하기 때문이다. 그 잔인한 폭력으로 희생된 사람들이 우리 주위에 너무도 많다. 세월호 희생자들을 위시해서 일본군 위안부 피해자 할머니들, 쌍용차 해고 노동자, 밀양 송전탑 건설 반대 주민, 용산 참사 피해자, 제주 강정마을 주민…… 우리 스스로 자문해 보자. 진정 그들을 이념이나 이해 관계를 떠나 목적으로 대했는지 말이다. 모든 이들을 부처로, 목적으로 대했던 성주산문의 정신이 더욱 그리워지는 요즘이다.

답.사.노.트.
성주산문의 흔적을 찾아서

❀
사찰 및 사지

❀
유물 및 문화재

보령 성주사지

충청남도 보령시 성주면 성주리 72.
백제 시대 오합사로 창건되었다가,
통일신라 시대 무염이 주석하면서
성주사라 불리기 시작했다. 이 성주사는
산골에 자리한 절이지만 통일신라 시대의
다른 사찰과 달리 평지에 자리하는 가람
형식을 취한 것이 특징이다.
무염이 주석함에 따라 성주사는 크게
중창되었고, 이곳에서 성주산문의 문이
열렸다. 하지만 임진왜란으로 인해 불탄 뒤
중건되지 못한 채 현재 사지만 남아 있다.
이곳에는 현재 최치원의 사산비문으로
가치가 높은 국보 제8호 낭혜화상비를
비롯, 보물 제19호로 지정된 성주사지
오층석탑과 각각 보물 제20·47호로
지정된 중앙 삼층석탑과 서 삼층석탑 등이
남아 있다. 성주사지는 사적 제307호로
지정되어 있다.

보령 성주사지 낭혜화상탑비

충청남도 보령시 성주면 성주리 72.
성주사지에 자리한 성주산문 개산조
무염의 탑비이다.
절터 서북쪽에 세운 이 비는 발견 당시
심하게 부서진 채 흙에 묻혀 있던 것을
1974년에 해체·보수하였다. 최치원이 지은
비문에는 무염의 업적이 적혀 있는데, 이
비문은 사산비문 중 하나로 널리 알려져
있다. 내용 중에는 진골이던 무염의 가문이
아버지 대에 이르러 육두품으로 낮아지는
내용도 새겨져 있어 당시 골품제의
연구 자료로서 중요한 가치를 지닌다.
낭혜화상탑비는 국보 제8호로 지정되어
있다.

보령 성주사지 낭혜화상탑비

5

사
굴
산
闍堀山門
문

사굴산문 법맥도

마조 도일	염관 제안	범일	행적
馬祖道一	鹽官齊安	梵日	行寂
709~788	미상~842	810~889	832~916

중국 선종   중국 선종

● 개산조
○ 실제 개산

해와 달에는 동서가 없다

강릉 지역에는 옛날부터 '생거학산生居鶴山'이라는 말이 전해지고 있다. 태어나면 학산에서 살아야 한다는 뜻이다. 그만큼 살기 좋은 곳이라는 자부심이 이 지역 사람들에게 있었다. 바로 이곳이 통효 범일通曉梵日, 810~889이 태어난 곳이자 영동 지역을 대표하는 사굴산문이 개창된 곳이다. 지금은 사라지고 없지만 한때는 구산선문 중 한 곳으로서 위용을 떨쳤다.

굴산사지를 답사하면서 새롭게 느낀 점이 하나 있다. 그것은 바로 영동 지역에서 범일의 영향력이 생각보다 훨씬 크다는 것이다. 범일은 2005년 유네스코 인류무형문화유산으로 등록된 강릉단오제의 주신主神이다. 그는 이곳 사람들에게 신으로서 추앙의 대상이었던 것이다. 답사 과정에서 우연히 만난 여든이 넘어 보이던 한 노인은 범일 국사에 대해 무척이나 큰 자부심을 가지고 있었다. 특히 굴산사지를 관통하여 강릉 시내까지 연결된 약 칠 킬로미터에 이르는 도로의 명칭이 국사의 이름을 딴 '범일로'라는 점에서 지역 주민들의 자부심을 한층 깊이 느낄 수 있었다.

그래서인지 이 지역에는 범일과 관련된 설화나 유적들이 꽤 많이 남아 있다. 대표적인 것이 그의 탄생 설화이다. 이 마을에 살던 한 양가집 규수가 우물에서 바가지로 물을 뜨자 그 안에 해가 담겨 있었는데, 그 물을 마시고 십삼 개월 만에 아이를 낳았다는 것이다. 일종의 처녀 잉태인 셈이다. 그 양가집 규수는 처녀가 애를 낳았다는 사실이 부끄러워 뒷산에 있는 학바위에 아이를 버렸는데, 며칠 뒤에 가 보니 학들이 아이에게 먹이를 주면서 돌보고 있었다고 한다. 그 아이가 바로 범일 국사이다. 지금도 굴산사지에는 석천石泉 우물과 학바위가 남아 있어 이곳을 찾는 이들에게 옛 이야기를 들려주고 있다.

『조당집』에는 범일이 태어날 때 나계螺髻가 있어 자태가 빼어났으며, 정수리에 구슬이 있어 기이한 모습이었다고 전한다. '나계'란 부처님의 상호 중 하나로서 머리카락이 마치 소라처럼 꼬불꼬불 말아 올라간 모습을 가리키는데, '나발螺髮'이라 불리기도 한다. 범일은 곧 부처님과 같은 인물로 인식되고 있었던 것이다.

범일의 가문을 살펴보면, 조부가 지금의 강릉인 명주溟州의 도독都督을 지낼 정도로 영향력 있는 호족이었다. 외가 역시 문씨文氏로서 강릉 지역에 뿌리를 내린 토착 호족이었다.

15세에 출가한 그는 수행에 전념하다가 831년 구법의 뜻을 안고 당

강릉 학바위

나라로 들어가게 된다. 그리고 마침내 마조의 제자인 염관 제안鹽官齊安, 미상~842을 만나 인생의 전환점을 맞는다. 스승이 제자에게 수로를 통해서 왔는지, 아니면 육로를 통해서 왔는지 묻자 제자는 두 가지 길을 밟지 않고 왔다고 대답한다. 심상치 않은 분위기가 느껴진다. 스승은 재차 두 길을 밟지 않았다면 어떻게 왔느냐고 묻는다. 제자의 대답은 이랬다.

"해와 달에게 동서東西가 무슨 장애가 되겠습니까?"

스승은 물건이 하나 들어왔음을 본능적으로 직감한다. 그래서 범일을 보고 동방의 보살이라고 칭찬을 하자 제자는 어떻게 해야 부처를 이룰 수 있는지를 묻는다. 염관은 자신의 스승인 마조로부터 이어받은 진리의 가르침을 먼 나라에서 온 제자에게 전해준다.

"도는 닦을 필요가 없다. 그저 더럽히지 않으면 된다. 부처라는 견해, 보살이라는 견해를 갖지 말라. 평상의 마음이 곧 도이니라."

날마다 쓰는 평상심이 곧 도라는 스승의 가르침에 범일의 마음은 활짝 열린다. 마음을 깨치고 중생에서 부처로 새롭게 태어난 것이다. 그는 육 년 동안 스승을 정성껏 모시다가 또 다른 스승인 약산 유엄藥山惟儼, 745~828을 찾아간다. 약산 역시 범일이 큰 그릇임을 알아보고 매우 인상적인 말을 남긴다.

"대단히 기이하구나, 대단히 기이하구나. 밖에서 들어온 맑은 바람이 사람을 얼리는구나."

맑은 바람은 바로 범일을 가리킨다. 그 바람이 시원하다 못해 얼마나 차가웠으면 사람을 얼릴 정도라고 했을까? 범일은 그처럼 뛰어난 근기를 가지고 마음을 깨친 인물이었다. 그 큰 인물이 자신에게 왔으니 스승은 마음을 다해 마음으로 전승된 선의 정신을 제자에게 다시 전해준다.

맑은 바람이 사람을 얼린다

사람을 얼리는 맑은 바람은 약산을 떠나서 이곳저곳을 유람하다가 마침내 회창의 법난法難을 만나게 된다. 그 역시 법난을 피할 수 없어 갖은 고생을 하게 된다. 먹을 것이 없어 떨어진 과일을 주워 먹으며 배를 채웠고, 흐르는 냇물을 마시면서 목마름을 달래야 했다. 몸은 바짝 마르고 기력이 떨어져 더 이상 걸을 수 없게 된 어느 날 꿈에 이상한 사람이 나타나서 이제는 떠나라고 말한다. 그러나 그에게는 걸을 힘조차 남아 있지 않았다.

생사의 기로에서 그를 구한 것은 다름 아닌 동물들이었다. 그들은 떡과 먹을 것을 물어다가 범일에게 가져다주었다. 동물들도 큰 인물은 알아보는가 보다. 기운을 차린 범일은 소주韶州에 가서 육조의 탑에 참배한다. 그는 자신의 정신적 스승인 혜능을 마음으로 느끼고 나서야 비로소 돌아갈 결심을 하게 된다. 범일이 고국으로 돌아온 해는 847년이다. 고향을 떠난 지 16년만의 일이다. 고향에 돌아와 사굴산문을 개창하기 전에는 백

사굴산문

강릉 굴산사지 승탑의 일부

강릉 굴산사지 승탑
(보물 제85호. 누구의 것인지 밝혀지지 않았으나 범일의 승탑으로 추측된다.)

달산白達山에 머물렀다고 한다. 이곳에 있다가 명주의 도독인 김순식金順式의 요청으로 고향에 돌아오게 된 것이다.

당시 영동 지역은 왕위 쟁탈전에서 패배한 김주원계의 인물들이 지방 호족으로서 강력한 영향력을 행사하고 있었다. 범일의 조부 역시 김주원계의 인물로서 명주의 도독까지 지낸 바 있다. 김순식 역시 같은 계열인데 왕건을 소재로 하는 역사 드라마에 가끔씩 등장하는 인물이기도 하다. 그는 궁예에게 명주 전체를 바치면서 충성을 다짐했으며, 궁예 역시 그의 통치권을 인정해 주었다. 궁예가 왕건에 의해 제거된 이후에는 역적을 토벌한다는 명분을 내세워 군사를 일으키려 했으나, 아버지인 허월 대사許越大師의 설득으로 군을 물리고 왕건에게 충성을 맹세하게 된다. 이후 김순식은 왕건으로부터 왕씨 성을 하사받아 '왕순식王順式'이란 이름으로 역사에 남는다.

이런 김순식의 지원을 바탕으로 범일은 851년 강릉 굴산사에서 사굴산문을 개창하게 된다. 이뿐만 아니라 범일의 외가를 비롯한 지방 호족 세력은 범일이 사굴산문을 형성하는 데 필요한 경제적 기반을 제공하였다. 사굴산은 부처님께서 『법화경』을 설한 곳으로 알려진 기사굴산耆闍崛山, 즉 영취산靈鷲山을 가리킨다. 불보사찰인 통도사가 있는 영취산과 같은 이름이다.

범일이 굴산사에 주석하면서 수많은 사람들이 몰려오고 산문은 비약적인 발전을 하게 된다. 당시 이곳에서 밥을 짓기 위해 쌀을 씻은 물이 동해까지 흘러가 바다를 하얗게 물들였다는 설화가 지금도 전해진다. 그만큼 범일에게 선을 공부하려는 승려들이 많았다는 뜻이다. 실제로 답사를

사굴산문

통해 굴산사의 규모를 헤아려 보니 이런 이야기가 과장되긴 했어도 그저 허언만은 아닌 듯싶었다.

범일은 경문왕과 헌강왕이 국사로 모시기 위해서 여러 번에 걸쳐 초청을 했으나 끝내 응하지 않았다. 그의 관심은 오로지 평상심이 곧 도라는 스승의 가르침을 전하는 데 있었기 때문이다. 그는 40여 년을 굴산사에서 선의 정신을 전하는 데 온 힘을 기울였다. 그리하여 그의 문하에는 개청開淸과 행적行寂, 신의信義 등을 비롯하여 많은 문도가 있었다.

영동 지역에는 범일의 행적이 미치지 않은 곳이 없을 만큼 그 영향력이 대단했다. 평창의 월정사, 동해의 삼화사, 강릉의 신복사 등을 비롯하여 의상 대사가 창건한 양양의 낙산사도 사굴산문의 영향력 아래 있었다. 범일이라는 맑은 바람이 영동 지역 전체에 불고 있었던 것이다.

『삼국유사』에는 불교 사적을 편찬할 때 원효나 의상보다 범일의 사적을 우선했다는 기록이 나온다. 범일이 당시 불교계에서 어떤 평가를 받고 있었는지 짐작할 수 있는 대목이라 할 것이다. 적어도 영동 지역에서 범일은 원효나 의상보다도 더 높은 평가를 받고 있었던 것 같다. 범일이 오늘날 강릉단오제의 주신으로 추앙되는 것은 결코 우연이 아니다.

범일은 선이라는 맑은 바람으로 영동 지역 전체를 얼린 인물이다. 굴산사지를 처음 찾던 날 온몸을 얼어붙게 만든 동해의 차가운 바람을 지금도 잊을 수가 없다. 분명한 것은 그 차가운 바람이 우리의 마음속에 가득했던 번뇌 망상을 시원하게 날려 버렸다는 사실이다. 어쩌면 번뇌 망상이 일어날 수 없도록 얼려 버렸는지도 모를 일이다. 그가 전한 선의 정신은 그만큼 강력했던 것이다. 동해의 차가우면서도 맑은 바람이 그리워진다.

도전자가 날린 핵 펀치

　지금은 종합격투기에 밀려 시들해졌지만, 권투는 한때 국민들의 사랑을 독차지할 정도로 인기 있는 스포츠였다. 우리나라 선수가 세계 챔피언 전을 치를 때면 모든 국민은 텔레비전 앞으로 모여 가슴을 졸이면서 응원을 하였다.

　타이틀 매치에는 보이지 않는 관행이 하나 있다. 그것은 도전자가 웬만큼 잘하지 않는 한 판정으로는 이기기 힘들다는 점이다. 방어전을 치르는 챔피언에게는 어드밴티지가 주어졌던 것이다. 그래서 도전자가 챔피언을 이기기 위해서는 다소 거칠면서도 파이팅 넘치는 경기를 해야만 했다.

　이런 현상은 새로운 사상이 유입될 때도 비슷하게 나타난다. 기득권을 가지고 있는 사상이 자신의 자리를 쉽게 내주려 하지 않기 때문이다. 그래서 새로운 사상과 기존의 사상이 충돌할 때는 대형 사고가 발생하기도 한다. 불교가 신라에 수용되는 과정에서 이차돈이 순교한 것은 바로 이러한 예라 할 것이다.

선불교가 신라에 소개될 때 기득권을 차지하고 있던 챔피언은 화엄을 비롯한 교학불교였다. 아홉 군데의 산문은 도전자의 입장에서 챔피언을 꺾기 위한 나름대로의 전략이 필요했다. 어떤 산문은 판정승으로 승부를 끌고 갔지만, 케이오 펀치를 날려서 승리를 차지하려는 산문도 있었다. 사굴산문을 개창한 범일이 선택한 것은 케이오로 승부를 보는 것이었다. 따라서 그에게는 챔피언을 압도할 수 있는 강력한 한 방의 펀치가 필요했다.

그는 약산 유엄으로부터 그저 시원한 바람이 아니라 사람을 얼려 버릴 정도로 강력한 바람이라는 평가를 받았다. 범일의 이러한 성향은 그의 사상에도 반영되었는데 바로 많은 논란을 불러일으킨 진귀조사설眞歸祖師說이다. 석가모니 부처님의 깨달음마저 완전하지 않은 것으로 만들어 버린 이 주장은 강력하다 못해 무모하게 보이기까지 한다. 범일은 도전자의 패기가 이 정도는 되어야 챔피언을 이길 수 있다고 생각한 것은 아닐까? 물론 이것은 진귀조사설이 범일의 주장이라는 전제에서 가능한 얘기다.

사실 이는 범일의 후대에 나왔을 가능성도 적지 않다. 만약 그렇다면 그들이 범일을 링 위로 올린 이유가 있을 것이다. 그것은 다름 아닌 범일의 펀치가 아주 강력했기 때문이다. 사람을 얼려 버리는 범일의 핵 펀치와 진귀조사설은 당시의 교종에 대항할 수 있는 꽤나 잘 어울리는 조합이라고 그들은 생각했는지 모른다.

『선문보장록』에 소개된 진귀조사설의 내막은 아주 단순하다. 석가모니 부처님은 출가한 후 육 년간의 수행 끝에 큰 깨달음을 얻게 된다. 그런데 부처님은 자신의 깨달음이 궁극적 경지가 아님을 자각하고 수십 개월 동안 진귀조사를 찾아 유행을 했다고 한다. 그리고 마침내 조사로부터 궁극적인 진리를 전수받았는데, 그것이 다름 아닌 교외별전教外別傳의 선이라는 것이다. 이렇게 되면 부처님 가르침은 교학불교를 통해서 전승된 것이 아니라 선불교를 통해서 이어진 것이 된다. 이는 곧 불교의 정통성이 교학이 아니라 조사선祖師禪에 있다는 선언이라 할 수 있다.

펀치가 세도 너무 세다. 이 펀치가 상대의 얼굴에 적중하지 않고 허공을 가른다면 오히려 자신의 몸이 중심을 잃고 넘어질 정도다. 자칫 주먹을 잘못 날려 상대에게 카운터펀치를 허용하면 한방에 쓰러질지도 모를 일이다. 무모하게 보이는 이 전략이 옳았는지는 모르겠지만 어쨌든 그 펀치는 상대의 얼굴을 정확히 가격했고, 범일은 영동 지역 불교계를 석권한 챔피언이 되었다. 이런 점에서 보면 그 전략이 유효했다고 평가할 수는 있을 것 같다.

전략의 적절성 여부를 떠나 진귀조사설을 믿는 사람은 별로 없다. 사실이 아니기 때문이다. 부처님은 깨달음을 얻고 나서 조사를 찾아간 것이 아니라, 교진여憍陳如를 비롯한 다섯 명의 비구를 찾아가 그들을 깨달음의 길로 인도하였다. 한편 당시에는 조사祖師라는 개념조차 없었다. 조사는 달마가 선불교를 중국에 소개한 이후에 등장한 개념이다. 이를 모를 리 없는 범일이나 혹은 후대 사람들이 진귀조사설을 들고 나온 것은 교학불교를

강릉 굴산사지
(사적 제448호, 정면에 보이는 것이 범일의 탄생설화와 관련되어 있는 석천이다.)

상대로 불교의 정통성이 조사선에 있다는 것을 강조하기 위한 일종의 전략이라 할 것이다.

진귀조사설의 행간

진귀조사설은 다른 나라에는 없고 우리나라에만 전해지는 독특한 설이다. 이것은 선불교를 중국에 전한 달마가 이二조 혜가에게 전했다는 게송에서 기인한다. 시의 내용은 이렇다.

진귀조사가 설산雪山에 있으면서 석가가 오기를 총목방叢木房에서 기다렸네. 임오년에 조사의 심인心印을 전하니, 동시에 마음으로 조사의 종지를 얻었다네.

이 게송은 『선문보장록』에서 『달마밀록達摩密錄』이라는 책을 인용하여 전하고 있는 내용인데 이 책의 존재 여부는 알 길이 없다. 그리고 범일이 언급한 진귀조사에 관한 내용은 진성여왕이 선과 교의 의미에 대해서 묻자 범일이 대답한 것으로 되어 있다. 그런데 이를 역사적 사실로 믿기에는 어딘가 구색이 맞지 않는다. 경문왕과 헌강왕이 범일을 여러 번 초청을 했으나 끝내 응하지 않았는데, 특별히 진성여왕의 초청에 응했다는 것이 쉽게 납득되지 않기 때문이다. 그뿐만 아니라 진성여왕이 즉위한 다음 해 범일이 입적했다는 점에서도 더욱 그렇다. 서로 만날 수 있는 물리적 시간이 별로 없었던 것이다.

범일의 진귀조사에 관한 내용은 『해동칠대록海東七大錄』을 인용하고 있으나 이 책 역시 전하지 않는다. 제목을 통해 유추할 수 있는 것은 선불교가 유행할 당시 중국에 건너가 조사의 심인을 전수해 온 일곱 명의 선사에 대한 기록이 아닐까 하는 점이다. 물론 일곱 명의 선사가 누구인지 역시 알 수 없다.

범일은 여기에서 조사선이야말로 불교의 정통임을 강조하기 위해 성주산문의 무염과 사자산문의 도윤道允, 798~868까지 동원하고 있다. 무염이 『능가경』을 공부하다 그만두고 당나라에 들어가 선법을 전수받은 것이나, 도윤이 『화엄경』을 버리고 중국에서 선을 공부하고 들어온 것 모두 교학이 불법의 근본이 되지 못하고 믿을 수 있는 별지別旨가 아니기 때문이라는 것이다. 결국 오직 말을 떠난 조사선만이 정통이라는 것을 자신뿐만 아니라 다른 걸출한 인물들도 주장했다고 강조한다. 이 내용을 기록한 작가는 범일을 링 위에 올려놓고, 무염과 도윤이 관중석에서 범일을 응원하는 모습으로 등장시키고 있다. 어쨌든 범일은 무리수라고 보이는 진귀조사설을 통해 조사선의 정통성을 대중들에게 어필하였고 그 전략은 그대로 적중하였다.

이 진귀조사설을 사실이 아니라 상징이라는 관점에서 본다면 이해하지 못할 것도 없다는 생각이다. 선불교가 소개될 당시 교학의 힘은 너무 막강했다. 그에 밀려 도의 국사도 설악산에 은거한 것이 아니겠는가. 교학에 대항하기 위해서는 새로운 전략과 힘이 필요했으며, 그에 대한 고민의 결과로 등장한 것이 진귀조사설 아닐까 싶다. 이를 당시의 선종과 교종 간 충돌을 이해하는 키워드로 생각해도 될 것 같다.

그리고 진귀조사설은 진위 여부와 관계없이 선종과 교종 간의 논점을 분명히 드러내는 효과가 있었던 것 같다. 승부에 있어서는 누가 먼저 이슈를 선점하느냐에 따라 승패가 좌우되기 마련이다. 승리를 위해서는 이슈를 만들어 내고 둘 사이의 차별성을 선명하게 부각시킴으로써 자신의 입장이 훨씬 좋다는 것을 설득해야 한다. 범일은 언어를 통해 전승된 교학과 마음을 통해 전승된 선 사이의 차별성을 부각함으로써 대중들로 하여금 무엇이 더 좋은지를 선택하도록 하였다. 교학불교와 선불교, 여래선과 조사선을 링 위로 올리는 데 성공했던 것이다. 그리고 대중들은 선종의 손을 들어주었다.

　　진귀조사설은 깨달음은 언어가 아니라 마음으로부터 온다는 것을 강조하기 위해 동원된 방편일 뿐이다. 그렇기 때문에 이를 사실이라는 관점에서 읽을 필요는 없다. 범일은 조사선에서 강조한 말을 떠난 마음을 드러냄으로써 새로운 챔피언에 등극하고 영동 지역 불교계를 장악하기에 이른다. 마치 대선에서 승리한 후보가 대통령이 되어 권력을 독점한 것과 같다 할 것이다. 그렇다면 그 이후의 행보는 어떠했을까? 현명한 후보라면 상대편의 공약 가운데 좋은 것들을 뽑아서 자신의 정책에 반영할 것이다. 그럴 때 비로소 통합이 가능할 테니 말이다. 범일은 과연 어떻게 했을까?

회통의 전통이 살아 있는 곳

스포츠가 아름다운 이유가 있다. 경기에 임해서는 치열하게 싸우지만, 경기가 끝나고 나면 결과에 관계없이 승자와 패자 모두 하나가 될 수 있기 때문이다. 축구의 경우 시합이 끝나면 유니폼을 바꿔 입으면서 서로 잘 싸웠다고 격려한다. 격투기의 경우도 온몸에 멍이 들고 얼굴에 피가 튈 정도로 격렬하게 싸우지만 종이 울리고 나면 서로 얼싸안으면서 하나가 된다. 경기장은 경기를 치를 땐 경쟁의 공간이지만, 경기를 모두 마치고 나면 다시 아름다운 만남의 광장이 되는 것이다.

범일은 선불교를 영동 지역에 정착시키기 위해 당시의 지배사상이었던 교학, 특히 화엄과 치열한 경쟁을 펼친다. 그 경쟁에서 범일의 선종이 승리를 거두게 되자 이 지역에서 사굴산문의 영향력은 비약적으로 확대되기에 이른다. 일종의 승자로서 독점적 지위를 누리게 된 것이다. 이로써 앞서 언급한 것처럼 신복사나 월정사, 낙산사 등이 모두 사굴산문으로 흡수된다. 이러한 영향력을 보여 주는 대표적인 상징물이 바로 굴산사지 당간지주이다.

처음 굴산사지를 찾았을 때 당간지주의 크기와 조형미를 보고 놀라지 않을 수 없었다. 마치 영동 지역 불교계를 제패했다는 승리의 표식과도 같았다. 굴산사는 그 옛날 엄청난 사세와 위용을 자랑했을 것이다. 사찰의 규모와 당간지주의 크기는 서로 비례하기 때문이다. 굴산사지 당간지주는 국내에 현존하는 것 중 최대 규모이며, 보물 제86호로 지정되어 있는 소중한 문화재다.

당시 범일의 영향력에 있던 사찰 중에서 양양의 낙산사는 특별한 의미를 지닌 곳이다. 낙산사는 의상이 이 지역에 화엄사상을 전한 상징적인 공간이기 때문이다. 잘 알려진 것처럼 의상은 당나라에서 귀국한 후 부석사를 비롯한 화엄십찰華嚴十刹을 창건하여 화엄사상을 크게 떨쳤다. 특히 낙산사는 영동 지역을 대표하는 화엄 사찰로서 의미가 큰 곳이다. 그런데 이곳마저 사굴산문에 흡수되었다는 것은 곧 영동 지역에서 화엄이 선의 영향력 아래 놓이게 되었다는 것을 의미한다.

그렇다면 영동 지역 불교계를 장악한 범일은 화엄과 어떤 관계를 유지했을까? 승자로서 화엄의 흔적을 지우고 선불교의 색채를 더욱 강화했을까? 그런 것 같지는 않다. 그는 화엄의 특성을 인정하고, 불교라는 이름으로 선과 화엄의 아름다운 만남을 지향했다. 경기에 임해서는 치열하게

강릉 굴산사지 당간지주(보물 제86호)

경쟁했지만, 경기가 끝나고 나서는 손을 맞잡고 하나가 된 것이다.

영동 지역은 범일 이전부터 회통의 전통이 살아 있는 곳이다. 특히 의상은 낙산사를 창건하면서 어려운 화엄사상을 대중들에게 쉽게 전달하기 위해 관음 신앙과의 만남을 모색한다. 화엄종 사찰인 낙산사에서 비로자나불이 아닌 관음보살을 주불로 모신 이유도 바로 여기에 있다. 대표적인 화엄 사찰인 영주 부석사 역시 비로자나불 대신에 아미타불을 모심으로써 의상은 화엄과 정토 신앙의 회통을 모색하였다. 어쩌면 의상은 아미타불의 보처보살인 관음보살을 낙산사에 모심으로써 부석사와 함께 화엄이라는 하나의 벨트를 형성하고 싶었는지도 모를 일이다.

화엄과 정토, 관음 신앙이 겉으로 보기에 서로 다른 것 같지만 의상의 눈에는 그렇게 보이지 않았던 것 같다. 의상의 대표적 저술인 「법성게法性偈」는 '진리의 성품은 원융하여 두 모습이 아니다(法性圓融無二相).'라는 구절로 시작한다. 대립과 갈등이 아니라 통합과 조화의 눈으로 보면 진리의 성품(法性)은 곧 아미타불, 정토와 다르지 않았던 것이다. 아미타불과 정토는 멀리 있는 것이 아니라 곧 내 안에 있기 때문이다. '유심정토唯心淨土 자성미타自性彌陀'는 이를 두고 한 말이다. 이 지역은 의상이 전해준 화엄과 정토, 관음 신앙의 거룩한 만남을 통해 이 땅을 불국토로 가꾸려는 꿈이 담긴 공간이었던 것이다.

이런 아름다운 만남의 공간에서 범일은 회통의 외연을 더욱 확대하기에 이른다. 선불교를 통해서 말이다. 이제 이곳은 선과 화엄의 만남이라는 새로운 전통이 자리잡게 되었다.

선과 화엄의 만남의 광장

처음 굴산사지를 찾았을 때 조금 의아하다는 생각이 들었다. 이곳이 선종 사찰인데도 불구하고 화엄의 흔적이 많이 보였기 때문이다. 비로자나불 수인을 하고 있는 석불이 당간지주 근처에도 있었으며 석천 옆에는 목이 잘려 나간 석불이 자리하고 있었다. 이뿐만 아니라 사지 옆에 위치한 굴산사에는 두 분의 석불이 따로 모셔져 있었다. 어느 무당집에 있던 석불을 이곳으로 모셔 왔다는 주지 스님의 설명도 들을 수 있었다.

이처럼 선종 사찰 지역에 비로자나불이 많다는 것은 곧 선과 화엄의 만남을 의미한다고 볼 수 있다. 특히 범일은 낙산사에서 정취보살을 친견하고 그곳에 세 칸의 불전을 지어 보살상을 모셨다고 전해진다. 이는 영동 지역에서 범일의 영향력이 확대되었다는 것을 의미할 뿐만 아니라 동시에 선과 화엄이 하나로 통하고 있었다는 의미도 담겨 있다. 정취보살은『화엄경』에서 선재동자가 스물아홉 번째로 만난 선지식이다. 선사로서 화엄종의 보살을 친견하고 모셨다는 것은 곧 선과 화엄의 만남을 의미한다.

범일은 처음 조사선을 강조함으로써 산문의 독자적 기반을 마련하였지만 그 이후에는 교학과 회통적인 태도를 지향하였다. 이러한 회통의 전통은 제자인 개청이나 행적에 의해 전승되었다. 특히 행적은 중국에 유학하여 청원 행사靑原行思, 미상~740의 4세손인 석상 경제石霜慶諸, 807~888의 법을 받고 돌아오는데, 이는 청원계가 유입되는 시초가 된다.

선불교가 소개되던 초창기에는 주로 마조계의 선이 유행했지만, 후대로 갈수록 청원계의 선을 공부하고 귀국하는 승려들이 많아진다. 이는

강릉 굴산사지 석불좌상(강원도 문화재자료 제38호)

청원계의 선사상이 교학과의 조화를 중시했기 때문으로 보인다. 특히 사굴산문에서는 행적이 최초로 청원계의 법을 받고 돌아옴으로써 회통의 전통이 전승될 수 있는 기반이 마련되었다. 행적은 효공왕孝恭王에 의해 국사로 봉해진 인물이기도 하다.

이러한 사굴산문의 회통 전통이 빛을 발한 것은 누가 뭐라 해도 고려 중기 보조 국사 지눌에 의해서라 할 것이다. 지눌은 사굴산문으로 출가해서 오늘날 한국불교의 수행 전통을 확립한 인물이다. 지눌 당시는 선종과 교종의 대립과 갈등이 극에 달했던 시기였다. 그의 문제의식은 어떻게 하면 선과 교가 함께할 수 있는가 하는 것이었다. 치열한 고민 끝에 그는 이런 결론에 이르게 된다.

"선은 부처님의 마음이요(禪是佛心), 교는 부처님의 말씀이다(教是佛語)."

이는 마음을 밖으로 표현한 것이 곧 말씀이니, 선과 교는 둘이 아니라는 선언이다. 차이와 공존의 멋진 하모니를 연주한 것이다. 지눌이 이런 회통의 전통을 새롭게 확립할 수 있었던 것은 그가 사굴산문의 정신을 이어받았기 때문이라 할 것이다. 나와는 다른 길을 걷고 있지만 파트너로서 차이를 인정하고 공존을 모색하는 정신 말이다. 사굴산문에는 이런 인문 정신이 면면히 흐르고 있다.

통합을 지향하는 사굴산문의 인문 정신은 오늘날에도 여전히 의미가 있다. 세대나 계층, 지역 간의 갈등으로 인해 우리 사회 전체가 몸살을 않고 있기 때문이다. 우리가 지향하는 경제민주화나 양극화 해소, 복지 사회는 통합이 전제되어야만 가능한 정책들이다. 경제 주체들 간의 사회적 합의가 이루어지지 않으면 경제민주화는 요원한 일이며, 세대나 계층 간의 통합이 선행되지 않고서는 복지를 비롯한 양극화 해소 등의 문제를 해결하기 어렵다. 그러나 과연 어떻게 통합할 것인가 하는 어려운 숙제가 여전히 남아 있다.

우리들이 흔히 먹는 음식으로 비빔밥이 있다. 이 음식의 조리법은 간단하지만 여러 나물들이 고추장, 참기름과 하나로 어우러져 풍부하고 독특한 맛을 낸다. 그렇다고 그 안에 들어가는 콩나물이나 시금치 등의 고유한 맛이 사라지는 것은 아니다. 각자의 맛을 내면서도 새로운 맛, 공존의 맛이 나오는 것이다. 우리가 지향하는 통합도 이런 모습이어야 하지 않을까? 하나의 가치 체계 속에 모든 것을 담는 것이 아니라, 나와 다른 이의 차이를 인정하고 그 속에서 전체적인 조화를 모색하는 방식 말이다. 그래서 통합을 이끄는 리더에게는 비빔밥 속의 여러 나물들을 공존과 조화로 이끄는, 한 방울의 참기름과 같은 지혜가 필요하다.

사굴산문은 고려 때 거란의 침입으로 소실되었다가 여말선초에 이르러 폐허가 되었다. 그래서 지금은 사지로만 남아 있지만 통합을 지향했던 정신마저 폐허가 된 것은 아니다. 지금 현실의 문제의식을 갖고 사굴산문의 정신을 살려내는 일은 오늘을 사는 우리들의 몫일 것이다. 동해의 바람이 차갑다.

사굴산문

답.사.노.트.
사굴산문의 흔적을 찾아서

❀
사찰 및 사지

강릉 굴산사지

강원도 강릉시 구정면 학산리 732.
굴산사는 신라 시대 범일이 창건한 사찰로
사굴산문의 중심 사찰이다. 현재 절터만
남은 굴산사는 지방 호족들의 도움으로
번창했으나, 조선 초 이후 폐사된 것으로
추정한다. 이곳에는 우리나라에서 가장
큰 규모로 보물 제86호로 지정되어 있는
굴산사지 당간지주가 남아 있어 굴산사
당시의 규모를 짐작할 수 있다. 또한 범일의
것으로 추정되는 보물 제85호 굴산사지
승탑 등이 남아 있다. 굴산사지는 현재 사적
제448호로 지정되어 있다.

양양 낙산사

강원도 양양군 강현면 낙산사로 100.
낙산사는 의상 대사가 창건한 사찰이다.
그런데 범일의 영향력이 커지게 되면서
영동 지역을 대표하는 화엄 사찰이었던
낙산사에도 그 힘이 미치게 된다. 특히
858년 범일이 이곳에서 정취보살을 친견한
뒤 건물을 짓고 불상을 봉안하였다는
이야기가 전한다. 2005년 대형 산불로 많은
당우가 소실되는 등 크게 훼손되었으나
이후 계속된 복구 작업을 통해 예전의
모습을 회복하고 있다. 현재 낙산사 일원은
사적 제495호로 지정되어 있다.

평창 월정사

강원도 평창군 진부면 오대산로 374-8.
월정사는 신라 시대 자장 율사에 의해
창건된 사찰로 문수보살의 성지이자
오대적멸보궁 중 하나인 중대 적멸보궁이
자리한 오대산의 중심 사찰이다.
월정사는 나말여초 사굴산문의 영향권
안에 들게 된다.
월정사성보박물관에는 삼척 영은사에
모셔져 있던 범일국사진영이 보관되어
있다. 한편 월정사 개산조각에는 오대산을
개산한 다른 고승들과 함께 범일과
사굴산문에서 배출된 고승인 지눌,
나옹의 진영을 함께 모시고 있어 사굴산문
선승들이 오대산과 월정사에 미친 영향을
미루어 짐작할 수 있다.

유물 및 문화재

강릉 굴산사지 승탑

강원도 강릉시 구정면 학산리 732.
굴산사지 위쪽에 위치한 이 탑은 굴산사의
창건주이자 사굴산문의 개산조인 범일의
것으로 추정된다. 현재 보물 제85호로
지정되어 있다.

강릉단오제

강릉단오제가 언제부터 시작되었는지
정확히 알 수 없다. 하지만 남효온이나
허균 등의 기록을 통해 우리나라에서
가장 역사가 깊은 축제로 알려져 있다. 이
축제를 통해 사람들은 마을을 지켜 주는
대관령산신을 제사하고, 마을의 평안과
농사의 번영, 그리고 집안의 태평을
기원한다. 또 사람들은 단오제를 지내지
않으면 큰 재앙이 온다고 믿어 대관령
서낭당에서 서낭신을 모셔와 강릉 시대의
여서낭신과 함께 제사를 드린다. 이때
대관령산신은 김유신 장군으로 전해지며,
단오제의 주체가 되는 서낭신은 범일,
여서낭신은 강릉의 정씨처녀로 전해진다.
강릉단오제는 문화적 독창성과 뛰어난
예술성을 인정받아 2005년 유네스코
인류무형문화유산으로 등재되기도 하였다.
우리나라에서는 중요무형문화재 제13호로
지정되어 있다.

삼척 영은사 범일국사진영 ©월정사성보박물관

삼척 영은사 범일국사진영

강원도 평창군 진부면 오대산로 374-8.
월정사성보박물관에 모셔져 있는 범일
국사의 진영으로 삼척 영은사 칠성각에
모셔져 있던 것을 옮겨온 것이다. 진영의
화기에 따르면 1788년 신겸이 조성한
것으로 보인다. 강원도 유형문화재
제140호로 지정되어 있다.

$\underline{6}$

사
자
산
문

獅子山門

사자산문 법맥도

마조 도일	남전 보원	도윤	절중
馬祖道一	南泉普願	道允	折中
709~788	748~834	798~868	826~900

중국 선종　　　　중국 선종

● 개산조
○ 실제 개산

스승의 이름으로

스승과 제자 사이의 관계를 보여 주는 것으로 '줄탁동시啐啄同時'란 말보다 아름다운 표현이 있을까 싶다. '줄啐'이란 껍질 안에 있는 병아리가 밖으로 나오기 위해서 안에서 쪼는 것이며, '탁啄'이란 밖에서 어미닭이 껍질을 '탁' 하고 쪼는 것을 말한다. 이 말은 병아리가 알을 깨고 밖으로 나오기 위해서는 이 둘이 동시에 이루어져야 한다는 의미이다. 서로 조금이라도 어긋나면 병아리는 새로운 생명으로 탄생하지 못하고 껍질 안에서 죽고 만다.

병아리가 제자라면 어미닭은 스승을 가리킨다. 제자의 능력과 소질에 맞는 적절한 가르침이 있을 때 제자는 비로소 껍질을 깨고 새로운 생명으로 탄생할 수 있다. 불교식으로 말한다면 스승의 참다운 가르침을 통해 제자가 깨달음을 얻고 중생에서 부처로 새롭게 태어나는 것이다. 이를 위해서는 밖으로 나오기 위한 제자의 노력도 중요하지만 그에게 필요한 것이 무엇인지를 정확히 알아서 그에 맞게 가르침을 주는 스승의 역할 또한 중요하다. 그래서 제자를 껍질 밖으로 인도하는 스승의 한 마디는 생명과도 같다. 스승은 곧 영적인 부모인 것이다.

선에서는 이런 관계가 더욱 중시된다. 자신의 마음이 곧 부처임을 깨치는 데 스승의 역할이 결정적이기 때문이다. 선에서 사자상승師資相承의 관계를 중시하는 것도 다 이유가 있었던 것이다. 그래서일까? 산문을 개창한 선사들은 대개 그 뿌리를 스승에게서 두고 있다. 비록 제자가 기반을 다졌다 할지라도 그 공을 모두 스승에게 돌린다는 것이다. 우리가 살펴볼 사자산문이 바로 그런 경우에 해당된다.

사자산문을 개창한 인물은 지금의 법흥사法興寺인 사자산 흥녕사興寧寺를 중심으로 활동했던 징효 절중澄曉折中, 826~900이다. 산문의 개조는 쌍봉 화상雙峰和尙이라 불리는 철감 도윤澈鑒道允, 798~868으로 알려져 있지만, 그가 주로 머물면서 활동했던 곳은 이름에서 드러나는 것처럼 쌍봉사다. 제자가 다른 곳에서 산문을 열었지만 그 정신이 스승으로부터 왔음을 천명하고 스승의 이름으로 개창한 것이다. 경우야 조금씩 다르지만 가지산문이나 봉림산문 등도 비슷한 맥락이라 할 것이다. 이로써 스승은 산문의 역사 속에서 그 위상을 갖게 되었으며, 사제 간의 아름다운 정신을 지금까지 이어올 수 있었다.

도윤의 생애를 살펴볼 수 있는 자료는 그리 많지 않다. 『조당집』에

화순 쌍봉사 철감선사탑(국보 제57호)

그의 생애가 간략하게 나와 있고, 몇몇 선사들의 비문에 단편적으로 언급되어 있을 뿐이다. 현재 쌍봉사에는 그의 부도와 탑비가 남아 있긴 하지만 생애 기록이 담긴 비신은 사라지고 귀부와 이수만 남아 있어 구체적인 내용을 확인할 길이 없다. 아쉬움이 남는 대목이다.

『조당집』에 의하면 그는 속성이 박씨朴氏로서 오늘날 황해도 봉산에 해당되는 휴암현鵂巖縣 사람이다. 여러 대에 걸쳐 호족으로 지냈으며, 조부의 벼슬이 군보에 자세히 기록될 정도로 영향력 있는 집안이었다. 그의 어머니는 찬란한 광채가 방안으로 들어오는 꿈을 꾸고 16개월 만에 그를 낳았다 한다. 흥미로운 것은 도윤을 비롯해서 선을 신라에 소개한 선사들은 대개 산달을 훨씬 넘겨서야 태어났다는 점이다. 그만큼 어머니 뱃속에서부터 선의 기틀을 다지고 나왔다는 것을 암시하고 있는 것은 아닐까. 그들의 삶을 기록한 이들은 선사들의 탄생을 단순한 물리적 현상이 아니라 깨침을 향한 숙성의 과정으로 보고 싶었는지도 모를 일이다.

그렇게 태어난 도윤은 외모도 남달랐던 것 같다. 기록에는 '학모난자鶴兒鸞姿'란 말로 설명하고 있는데, 학의 모습과 난새의 자태를 가지고 있었다는 뜻이다. 난새는 중국의 전설에 나오는 상상의 새이다. 모습은 닭과 비슷하며, 깃은 붉은 빛에 다섯 가지 색채가 어우러진 신비한 새로 알려져 있다. 도윤은 남다른 외모만큼이나 행동에도 품격이 있었는데, 어린 나이에도 꽃을 따다가 부처님께 바쳤으며 탑을 쌓아 자신의 감정을 순화시키기도 하였다.

18세의 나이로 출가한 그는 처음에 귀신사鬼神寺에서 화엄학을 공부하였다. 이곳이 어디인지 정확히 알 수는 없지만, 화엄십찰 가운데 한 곳으로 알려진 전북 김제 귀신사歸信寺로 추정하는 이도 있다. 이 주장이 맞다면 황해도에서 전라도까지 참으로 먼 길을 온 셈이다. 당시 출가한 사문이 화엄을 공부하는 것은 일반적인 모습이었다. 화엄이 불교의 주류였기 때문이다. 그러나 도윤은 화엄에 만족하지 못했던 것 같다. 그는 스스로 이렇게 말한다.

"원돈圓頓의 방편이 어찌 심인心印의 묘용妙用만 하겠는가?"

원돈은 화엄을 가리키는데 이를 통해서는 알을 깨고 밖으로 나올 수 없다는 뜻이다. 즉 깨침이라는 목적을 달성하는 데 화엄은 한계를 가지고 있다는 자각이라 할 것이다. 그렇다면 이제 눈을 돌려야 한다. 깨침의 길로 곧장 인도하는 선으로 말이다. 그는 구법을 위해 당시 유행했던 것처럼 당나라로 머나먼 길을 떠나게 된다.

신라로 돌아온 진리의 도장

도윤이 유학을 떠난 것은 28세가 되던 825년이다. 그는 중국으로 가는 사신의 배를 이용하여 구법의 길에 올랐다. 그가 중국에 도착하자마자 제일 먼저 찾은 이는 남전 보원南泉普願, 748~834이다. 남전은 마조 도일의 제자로서 당시에 널리 알려진 선승이었다. 특히 제자들에게 마음의 세계를 보여 주기 위해 고양이 목을 베었다(南泉斬猫)는 일화로 유명한 인물이다. 도윤이 큰 그릇임을 알아본 스승은 기쁘면서도 아쉬움이 남는 한마디를 남긴다.

"우리 종파의 법인法印이 모두 동국으로 돌아가는구나."

이는 비단 남전뿐만 아니라 당대의 여러 선승들이 신라의 유학승들에 던진 말이기도 하다. 그만큼 중국으로 건너갔던 신라 구법승들의 그릇이 컸던 것이다. 구산선문은 우연의 산물이 아니라 진리를 찾아 머나먼 길을 떠났던 눈뜬 선지식들의 구도열이 응축되어 만들어 낸 거룩한 유산이다.

남전의 법을 받고 도윤이 귀국한 것은 입당 후 22년이 지난 847년의 일이다. 당나라 무종이 불교를 말살하기 위한 정책을 폈기 때문이다. 도윤도 이 여파로부터 자유로울 수 없었던 것이다.

그는 귀국한 후 금강산 장담사長潭寺에 머물게 된다. 그러자 그의 법문을 듣기 위해 전국에서 수많은 사람들이 구름처럼 몰려들었다. 특히 이곳이 주목되는 것은 그의 제자인 절중과의 만남이 이루어진 공간이기 때문이다. 절중은 부석사에서 화엄을 공부하다가 스승을 찾아 금강산으로 와서 도윤을 만난 것이다. 흥미로운 것은 스승과 제자의 고향이 모두 황해도 봉산이라는 점이다. 그래서 더 끌린 것은 아닐까? 물론 진리의 세계에서 지역이 중요할리는 없겠지만, 둘은 불성이라는 마음의 고향뿐만 아니라 봉산이라는 지리적 고향도 함께했던 사이였다. 이런 인연 때문에 스승과 제자가 같은 집안이 아닌가 하고 추정하는 이들도 있다.

여기에서 도윤은 경문왕의 귀의를 받고 쌍봉사雙峰寺로 자리를 옮기게 된다. 이는 경문왕의 요청이 있었기 때문으로 보인다. 당시 쌍봉사는 반신라적인 기운이 적지 않은 곳이었다. 장보고의 지원을 받던 곳이었기 때문이다. 따라서 장보고의 사망 이후 이곳은 정부와 사이가 그리 원만하지

화순 쌍봉사(전라남도 기념물 제247호)

못했다. 경문왕은 신라 왕실에 우호적이지 않은 분위기를 완화시키고자 했으며, 이를 위해 도윤으로 하여금 쌍봉사에 주석하도록 요청을 한 것 같다.

또한 금강산 장담사는 범일의 사굴산문과 그리 멀지 않은 곳에 위치해 있다. 범일의 영향력이 커지고 있는 상황에서 자신의 선사상을 펼치기에는 아무래도 한계가 있었을 것이다. 이것은 마치 보조 체징이 웅천 지역에서 활동하다가 성주산문을 개창한 무염의 영향력이 확대되자 가지산 보림사로 몸을 옮긴 것과 같은 맥락이라 할 것이다. 쌍봉사에 주석한 도윤은 입적할 때까지 이곳에서 선법을 펼치게 된다. 그가 입적하자 왕실에서는 '철감撤鑒'이라는 시호와 '징소澄昭'라는 탑호를 내려준다. 나이 71세, 법랍 53년의 삶이 그렇게 지나간 것이다.

사자산문에서는 개조라고 알려진 도윤보다 절중이 더 주목을 받고 있다. 왕건이 후삼국을 통일한 이후 쌍봉사보다는 흥녕사의 영향력이 훨씬 컸기 때문이다. 쌍봉사는 후삼국 시대에 견훤의 지원 아래 있던 사찰이었다. 그러나 정치적 영향력을 떠나서 산문의 연원을 스승으로부터 찾고자 했던 정신만은 놓쳐서는 안 될 것이다. 스승과 제자 간의 신뢰가 무너지고 있는 오늘날 그 의미가 더욱 깊이 다가온다.

스승이 머물던 공간

중국으로부터 선불교를 들여와 산문을 활짝 연 선사들의 가르침은 한 곳에서 전통이 이어진 경우도 있고, 여러 곳에서 전승된 경우도 있다. 이는 스승의 가르침을 받은 제자들의 활동 무대가 분산되었기 때문이다. 그러나 여러 제자들이 계승한 전통은 스승의 이름으로 모두 한 산문이라고 말할 수 있다. 마치 형제들이 두 지붕, 세 지붕 아래 살고 있지만, 아버지의 이름으로 모두 한 가족인 것처럼 말이다.

사자산문은 전형적으로 두 지붕 한 가족의 모습을 하고 있다. 즉 도윤의 선불교가 쌍봉사와 흥녕사 두 곳에서 전승되었다는 것이다. 그런데 오늘날 도윤이 세운 산문은 쌍봉산문이 아니라 사자산문으로 불리고 있다.

쌍봉사는 스승이 머물면서 제자들을 배출하고 입적한 곳인데 사자산문으로 불리는 까닭은 어디에 있을까? 또한 중심 사찰 역시 쌍봉사가 아니라 홍녕사인 데도 속사정이 있을 것이다.

도윤은 귀국 후 금강산 장담사에 머물다가 쌍봉사로 몸을 옮기게 된다. 이곳은 그 전에 동리산문을 연 혜철이 귀국하여 주석했던 곳이기도 하다.

당시 쌍봉사는 청해진과 멀지 않은 곳에 위치했기 때문에 지리적으로 중요한 의미를 지니고 있었다. 이 지역은 사람과 물자의 이동이 많았을 뿐만 아니라 당나라의 상황을 가장 빨리 전해들을 수 있는 최적의 장소이기도 하였다. 말하자면 이곳은 곧 선불교를 전파하기에 유리한 장소일 뿐만 아니라 국내외 정세를 빨리 알 수 있는 요처라는 것이다. 그렇기 때문에 쌍봉사는 신라 왕실에서도 주목하지 않을 수 없던 사찰이었다. 경문왕이 도윤으로 하여금 이곳에 주석하도록 요청한 이면에는 이러한 배경이 작용하였다.

쌍봉사에 도윤의 부도와 탑비가 남아 있지만 생애가 담긴 비신이 소실돼 도윤이 어떤 활동을 했는지 자세하게 알 수는 없다. 단편적인 기록들을 종합해 보면 도윤이 이곳에 머문 기간은 그리 길지 않았던 것 같다. 경문왕의 귀의를 받고 이곳으로 몸을 옮긴 것은 적어도 861년 이후라고 여겨진다. 861년은 경문왕이 즉위한 해이니 말이다. 그리고 도윤이 입적한 해가 868년이기 때문에 최대한 길게 잡아도 7년이 넘지 않는다.

쌍봉사는 도윤이 주석하기 이전이나 그의 입적 이후에도 부침이 많았던 곳이다. 지리적인 위치로 인하여 장보고의 지원이 많았고, 그가 제거

화순 쌍봉사 철감선사탑비(보물 제170호)

사
자
산
문

된 이후에는 반 신라적인 분위기 때문에 감시와 견제의 대상이 되었다. 물론 도윤의 주석 이후 왕실의 지원으로 크게 성장하기도 했지만 그의 입적 후에는 또다시 역사의 격변에 휩쓸리게 된다. 신라 정부의 지배력 상실로 인해 후삼국 시대가 펼쳐졌기 때문이다. 쌍봉사가 위치한 지역은 견훤의 영향력이 미치는 곳이었다. 이러한 상황에서 선불교 도량으로서의 위상을 유지할 순 있었겠지만 왕건의 통일로 이어지면서 다시 영향을 받게 된다. 한마디로 쌍봉사는 역사의 격랑 한가운데 있던 사찰이었다.

도윤의 입적 후 고려 초까지만 해도 쌍봉사는 제자들에 의해 그의 가르침이 계승되었다. 그의 법손에 해당되는 법경 경유法鏡慶猷, 871~921의 비문에는 도윤의 수제자로 훈종 장로訓宗長老가 거론되어 있다. 즉 훈종 장로가 스승인 도윤의 유지를 받들고 계속 산문을 이끌었으며, 그 가르침이 다시 경유에게로 이어진 것이다. 그뿐만 아니라 쌍봉사에 도윤의 부도와 탑비가 있다는 것은 이곳이 산문의 중심 사찰이었음을 보여 주고 있다. 그럼에도 불구하고 쌍봉사가 아니라 홍녕사가 산문의 중심이 된 것은 역사 격변 속에서 쌍봉사의 영향력이 그만큼 약화되었기 때문이다.

독립한 제자의 홀로서기

『육조단경』에는 스승인 홍인이 제자인 혜능을 떠나보내는 장면이 아름답고도 인상적으로 그려져 있다. 홍인이 혜능에게 법을 전하고 제자를 떠나보내기 위해서 함께 배에 오르게 되는데, 스승이 노를 저어 건네주려고 하자 제자는 이렇게 말한다.

"제가 미혹했을 때는 스승님께서 건네주셨지만 깨치고 나서는 스스로 건너는 것이 옳은 것 같습니다."

참으로 멋진 모습이다. 제자가 미혹했을 때는 스승의 도움이 필요하지만 스승의 가르침을 통해 깨침의 세계에 이르면 그때부턴 홀로 가야 한다는 것이다. 제자가 껍질 안에서 열심히 탁마琢磨한 것은 홀로서기를 위한 과정이다. 사자산문의 경우도 그러한 것이 아닐까. 절중이 도윤의 가르침으로 인해서 진리에 눈을 뜨고, 스승을 떠나 홀로서기를 했으니 말이다. 영월 흥녕사는 바로 제자가 스승을 떠나 홀로서기를 이룬 공간이다. 한 집안에 비유한다면, 아들이 아버지로부터 독립을 해 한 집안을 일군 경우라 할 것이다. 그런데 독립한 아들과 그 후손들이 가문의 전통을 잇게 된다.

절중은 스승이 금강산 장담사에 머물고 있을 때 법을 전수받았다. 그리고 스승을 떠나 여러 곳을 유행한 후 57세 무렵인 882년 경 운예 선사雲乂禪師의 요청으로 사자산 흥녕사에 주석함으로써 실질적인 사자산문의 역사가 시작된다.

그가 흥녕사에 머물자 헌강왕은 이곳을 중사성中使省에 예속시켜 관리하도록 한다. 중사성은 오늘날로 보면 대통령 비서실에 해당된다. 그만큼 절중의 위상이 높았다는 뜻이다. 그런데 그는 이곳에 오래 머물 수 없었다. 흥녕사 역시 역사의 소용돌이에 휘말렸기 때문이다. 절중은 궁예의 군대에 의해서 완전히 소진된 흥녕사를 떠나 쌍봉사로부터 멀지 않은 곳에 위치한 승주 동림사桐林寺로 자리를 옮겼다.

그는 동림사에서 여생을 마치고 싶었지만 이마저 그의 뜻대로 되지

영월 법흥사

홍녕사는 역사 속에서 소실과 중창을 반복하다가 폐사지에
가까웠던 것을 재건하면서 법흥사로 개칭하였다.

않았다. 자세한 내막은 전하지 않으나 당시 견훤과 그에게 귀부하지 않은 호족 사이에 전란이 일어났기 때문이라는 설도 있다. 다시 이곳을 떠나 우여곡절 끝에 도착한 곳은 강화도에 위치한 은강선원銀江禪院이다. 그리고 입적할 때까지 이곳에서 선의 가르침을 펼치게 된다.

이러한 과정을 보면 절중은 아버지로부터 독립하여 고단한 삶을 살았던 아들의 모습이기도 하였다. 그런 그의 삶을 의미 있게 만든 것은 다름 아닌 그의 후손들이었다.

절중이 75세의 나이로 입적하자 제자들은 스승의 탑을 세우고자 했다. 하지만 이곳이 바다의 구석에 위치하고 있어서 마치 절벽에 매달린 제비집과 같았기 때문에 세울 수가 없었다. 그래서 제자들은 스승이 남은 생을 보내고자 했던 동림사로 발길을 다시 돌린다. 이곳에서 스승의 부도를 세우고 탑비를 건립할 수 있도록 효공왕에게 요청을 한다. 이에 왕은 '징효澄曉'라는 시호와 '보인寶印'이라는 탑명을 내리지만, 실제로 탑비가 세워진 것은 대략 40년 가까운 세월이 흐른 뒤였다.

절중의 제자들은 왕건이 후삼국을 통일하고 고려를 세운 뒤 스승의 가르침을 선양할 곳으로 흥녕사를 선택한다. 그리고 당시 정치적으로 매우 유력했던 충주 유씨劉氏 세력의 지원으로 스승의 탑비를 이곳에 건립한다. 아마도 이를 기점으로 불타 없어진 사찰을 새롭게 중창한 것으로 보인다. 이때 흥녕사는 고려라는 새로운 국가 상황 속에서 사자산문이라는 이름으로 재건돼 그 중심 역할을 하게 되었으며, 절중의 위상 역시 더욱 높아지게 되었다. 반면 후백제의 영향력 아래 있던 쌍봉사는 그리 주목을 받지 못하고 산문의 중심에서 멀어졌다. 이렇게 산문의 중심이 사자산에 자리를 잡

영월 흥녕사지 징효대사탑비(보물 제612호)

사
자
산
문

고 그 영향력이 확대되자 후대의 역사는 두 도량 한 산문의 이름을 쌍봉산
문 아닌 사자산문으로 기록하였다.

사실 한 가족이 두 지붕이든 세 지붕, 아니 네 지붕이든 무슨 상관이
있겠는가. 모두 한 아버지의 아들이니 말이다. 쌍봉사와 지금의 법흥사는
모두 그 뿌리를 철감 선사라는 한 스승으로부터 두고 있다. 앞으로의 역사
도 두 도량을 한 산문으로 기록할 것이다. 중요한 것은 스승이 전한 산문의
전통을 얼마나 잘 계승할 것인가 하는 데 있다. 두 도량이 시너지 효과를
발휘하여 스승의 전통을 아주 잘 계승하였다고 후대의 역사에 기록되었으
면 좋겠다.

법흥사를 찾던 날 절중의 탑비에서는 대학생들로 보이는 친구들을
모아 놓고 선사에 대한 강의가 진행되고 있었다. 아마도 구산선문과 관련
된 현장 학습이 아닐까 싶었다. 그렇게 사자산문은 오늘에도 기억되고 있
었다. 남은 과제는 사자산문의 인문 정신이 무엇이며, 오늘날 어떤 의미로
살려질 수 있는가 하는 것이다. 이는 오늘을 사는 우리들의 몫이다.

체험과 해석의 간극

이탈리아에서 처음으로 스파게티를 먹고 온 사람은 이 음식을 우리에게 어떻게 설명했을까? 아마도 그는 우리가 먹던 국수라는 음식에 비유해서 설명했을 것이다. 스파게티는 일종의 서양 국수라고 말이다. 우리나라에는 스파게티가 소개되지 않아 이 음식을 맛본 사람이 없었기 때문이다.

전혀 새로운 것을 체험한 사람은 그것을 다른 사람에게 설명하기가 무척이나 어렵다. 그래서 서로 공유할 수 있는 대상이나 관념 등을 동원해서 사람들이 이해할 수 있는 길을 열어 놓는다. 이를 우리는 비유나 상징, 은유라 부른다.

불교에서는 이러한 방식을 '격의格義'라고 불렀다. 이는 인도에서 들어온 불교를 중국인들이 자신들의 사유 체계를 통해서 해석하는 방식이다. 예를 들면 불교의 열반을 도가道家의 무위無爲를 통해 이해하고, 오계五戒를 유가儒家의 오상五常을 통해 이해하는 것이다. 처음 들어 보는 불교의 개념을 그대로 소개하면 사람들이 이해하기 어렵기 때문에 자신들에게 익숙한 개념 등을 동원해서 해석하는 것이다.

이러한 방식은 새로운 체험이나 개념을 사람들에게 이해시키는 데 매우 효과적일 수 있다. 그러나 시간이 지나면서 둘 사이에 간극이 있다는 것을 사람들은 알게 된다. 스파게티는 우리가 먹는 국수와는 다르다는 것을, 불교의 열반은 도가의 무위와 다르다는 것을 알게 되는 것이다. 따라서 직접 스파게티를 먹어 보는 일은 둘 사이의 간극을 줄이는 데 매우 중요하다.

이처럼 체험과 해석 사이에는 간극이 있을 수밖에 없다. 특히 선불교의 경우에는 더더욱 그렇다. 깨침이라는 체험은 그 어떤 사유나 언어도 허용하지 않기 때문이다. 언어와 마음의 길이 끊어졌다고 해서 이를 '언어도단言語道斷 심행처멸心行處滅'이라 하는 이유도 여기에 있다.

그런데 문제는 체험을 언어로 해석하지 않으면 그 세계를 전혀 가늠할 수 없다는 데 있다. 그래서 깨달음을 체험한 선사들은 이를 여러 가지 방법으로 우리에게 전해 주고 있다. 하지만 분명한 것은 그들이 체험한 실재(reality)와 해석에는 차이가 있다는 사실이다. 선사들의 어록에 '마지못해 ~라고 한다(强曰).'는 표현이 많이 등장하는 이유도 바로 여기에 있다.

혹자는 이러한 체험과 해석의 관계를 우물 안 개구리의 예를 들어 설명하기도 한다. 우물 밖에 나갔던 개구리가 끝없이 펼쳐진 들판을 보고 돌아와서 이를 어떻게 설명할까를 고민하다가 그 크기를 개구리 배의 '두 배'만큼이나 넓다고 말했다는 이야기이다. 물론 개구리 배의 두 배만한 들판은 존재하지 않지만, 우물 안에서 가장 큰 숫자는 2였기 때문에 그렇게 설명한 것이다. 즉 실제 들판과 두 배라는 해석 사이에는 엄청난 간극이 있지만, 그들을 이해시키기 위해 '두 배'라는 상징을 동원한 것이다. 그 이야기를 듣고 우물 밖을 나가서 들판을 체험한다면 두 배라는 해석과 실재가 다르다는 사실을 알게 될 것이다. 또한 두 배라고 말할 수밖에 없었던 속내도 이해할 수 있을 것이다.

이러한 체험과 해석의 간극 때문에 선사들은 이를 어떻게 전달할까 늘 고민해야만 했다. 자칫 해석이 곧 사실과 동일하다는 오해를 낳을 수 있기 때문이다. 또한 이 세계는 하나의 우물만 존재하는 것이 아니기 때문에 어느 우물에서는 5라는 숫자가 가장 클 수 있고, 또 다른 우물에서는 10이 가장 큰 숫자일 수 있다. 즉 해석은 다양할 수 있다는 것이다. 그런데 여러 우물에서는 들판의 크기를 두고서 개구리 배의 두 배와 다섯 배, 열 배라는 해석이 서로 옳다고 싸울 수 있다. 실제로 중국의 종파불교가 그랬으며, 이를 받아들인 우리의 교학불교 간의 논쟁도 크게 보면 이와 다르지 않다. 그래서 선불교를 소개한 선사들은 해석에 의존하지 말고 직접 우물 밖을 나가 보라고 강조했던 것이다. 그것이 간극을 줄이는 유일한 길일 테니 말이다.

간극 줄이기

사자산문의 절중 선사도 이러한 간극을 누구보다 절실히 느낀 인물이다. 그래서 비문에는 참된 진리는 고요하고 고요하여 언어로 표현할 수 없지만, 마지못해(强) 가르침의 문을 세웠다고 전하고 있다. 그렇게 세워진 언어의 가르침을 통해 깨달음의 세계로 나아가면 문제가 없지만, 그 방편에 시선이 머문다면 결코 우물 밖으로 나갈 수 없다. 당시의 교학이 그랬다. 그래서 선사는 언어라는 수단에 의존하지 않고 곧바로 본성의 바다, 즉 우물 밖으로 나가서 넓은 들판을 체험할 수 있었던 것이다. 우물 밖이 깨달음을 체험한 공간이라면, 우물 안은 그것을 언어로 해석하는 곳이다.

비문에는 그가 우물 밖으로 나간 이야기를 전하고 있다. 금강산 장담사에서 스승으로부터 법을 전수받은 선사는 도담선원道譚禪院에 있는 자인 선사慈忍禪師를 만나게 된다. 이름이 무엇이냐고 묻자 자신은 절중이라고 대답한다. 다시 '절중이 아닐 때 너는 누구냐?'는 물음에 대한 대답이 아주 멋지다.

"절중이 아닐 때는 이렇게 묻는 사람도 없을 것입니다."

선사들의 문답은 언어 이전의 소식이기 때문에 헤아리기가 쉽지 않다. 얄팍한 지식을 동원해서 해석하자면 이런 것이 아닐까 싶다. 자인 선사의 물음은 절중이라는 이름을 갖기 이전의 자신의 참모습, 즉 본래면목本來面目이 무엇이냐는 질문이었다. 이미 스승인 도윤으로부터 마음의 가르침을 전수받았기에 그리 어려운 문제는 아니었을 것이다. 그래서 절중이라는 이름을 떠난 자리, 즉 나와 타인의 경계가 완전히 소멸된 자타불이自他不二의 세계를 드러낸 것이다. 그러니 그 경지에서는 질문하는 사람이나 대답하는 사람이 따로 있을 수 없다. 이렇게 묻는 사람도 없을 것이라고 대답한 속내도 여기에 있지 않을까? 이를 비문에서는 '말을 떠난 경지(亡言之境)를 밟고 본래의 뜻을 체득한 곳(得意之場)으로 돌아갔다.'고 전하고 있다.

여기에서 망언지경과 득의지장은 모두 우물 밖의 세계를 가리킨다. 즉 두 배라는 언어가 아니라 실제로 들판을 체험한 경지인 것이다. 그러니 굳이 말 없이도 서로 통할 수 있다. 이 둘의 대화는 우물 밖에서 나누는 선사들의 언어였던 것이다. 그러니 어찌 우물 안의 언어로 헤아릴 수 있겠는가. 이 역시 '마지못해 말하는' 것이다.

절중은 우물 밖 체험을 통해서 해석과 체험의 간극을 완전히 줄일 수 있었다. 그가 화엄을 공부하다가 선으로 돌아선 것도 바로 간극 줄이기를 위한 방향 전환이었다. 두 배라는 해석에만 머물러서는 결코 우물 밖으로 나갈 수 없기 때문이다. 이를 너무 잘 알고 있었기에 그가 제자들에게 베풀었던 가르침 역시 간극을 줄이기 위한 실천에 초점이 맞추어져 있었다.

절중은 영월 흥녕사에서 제자들을 가르치다가 전란의 여파로 여러 곳을 전전해야만 했다. 그의 삶은 한마디로 고단한 여정의 연속이었다. 그러나 그것은 오히려 우물 밖을 지향하는 이들에게 선물과도 같았다. 그가 가는 곳마다 보배 비가 내렸기 때문이다. 여러 곳에서 내린 감로수는 수많은 제자들을 바른 길로 인도하였다. 여종如宗, 홍가弘可, 신정神靖, 지공智空 등은 그 보배 비의 은덕을 입은 제자들이다.

영월 징효국사부도(강원도 유형문화재 제72호)

강화도 은강선원은 그가 마지막으로 머문 곳이다. 그가 입멸하자 다비를 했는데, 사리가 무려 천여 과가 나왔다고 한다. 흥미로운 것은 하늘의 무리(天衆)가 날아와서 그 사리를 주워 갔다는 것이다. 그래서 제자들은 나머지 백여 과를 모시고 부도를 세웠다 한다. 하늘도 선사의 삶을 기억하고 싶었던 것은 아니었는지 모를 일이다. 이렇게 간극 줄이기의 삶은 끝났지만 그가 전한 인문 정신마저 사라진 것은 아니다.

우리의 삶에도 여러 간극이 존재한다. 아는 것과 사는 것 사이에 간극이 있으며, 생각과 현실 사이에도 수많은 간극이 있다. 부모님께 효도해야 한다는 것을 잘 알지만 실제로 그렇게 살아지지 않는다. 잔소리만 하는 아내가 자신을 미워한다고 생각했는데 나중에야 그것이 사랑의 또 다른 표현임을 알게 되는 경우도 있다. 다만 우리가 그것을 모르고 살아갈 뿐이다. 명상이나 염불, 기도 등의 신행은 이러한 우리의 모습을 성찰하고 그 간극을 줄이기 위한 실천이어야 한다. 이것이 곧 살아 있는 불교 공부다.

흥녕사로 창건된 영월의 법흥사는 부처님의 진신사리를 모신 적멸보궁으로도 유명한 곳이다. 그래서 불자들이 많이 찾는 사찰이다. 우리는 이곳을 눈으로만 볼 것이 아니라 마음으로도 보아야 한다. 우리 삶의 간극을 성찰하면서 말이다. 그것이 곧 선사의 정신을 계승하는 것이며, 또한 참다운 순례의 자세가 아닐까?

답.사.노.트.
사자산문의 흔적을 찾아서

쌍봉사 전경사진

✿
사찰 및 사지

화순 쌍봉사

전라남도 화순군 이양면 쌍산의로 459.
사자산문의 개산조인 도윤이 창건한
사찰이다. 이 사찰에서 사자산문의 기초가
마련되었다는 점에서 매우 의미 있다.
임진왜란으로 소실되었던 쌍봉사는 1628년
중건되고 이후 두 차례 중창되어 현재에
이르고 있다. 경내 중요 문화재로는 국보
제57호인 철감선사탑과 보물 제170호인
철감선사탑비, 보물 제1726호로 지정된
목조지장보살삼존상 및 시왕상 등이 있다.
쌍봉사는 현재 전라남도 기념물 제247호로
지정되어 있다.

영월 법흥사

강원도 영월군 수주면 무릉법흥로 1318-6.
법흥사는 자장 율사가 당나라 유학 시
문수보살에게 전해 받은 부처님의 사리를
모신 오대적멸보궁 중 하나로 알려져 있다.
처음 이곳은 '흥녕사'라 불렸는데 이곳에서
도윤의 제자인 절중이 사자산문의 문을
열었다. 하지만 891년 병화로 소실되어
944년 중건을 통해 작은 사찰로 명맥을
이어오다 1902년 중건되면서 '법흥사'로
개칭되었다. 현재 경내에는 강원도
유형문화재 제72호인 징효국사부도를
비롯하여 보물 제612호로 지정되어 있는
징효대사탑비가 자리하고 있다.
또한 강원도 유형문화재 제73호
법흥사부도, 강원도 유형문화재
제109호인 법흥사 석분 등도 자리해 있다.

✿

유물 및 문화재

화순 쌍봉사 철감선사탑

전라남도 화순군 이양면 쌍산의로 459.
쌍봉사에 위치한 이 부도는 사자산문의
개산조인 도윤의 부도탑이다. 이 탑은
도윤이 입적한 해인 868년 즈음 만들어진
것으로 추정된다. 현재 국보 제57호로
지정되어 있다.

화순 쌍봉사 철감선사탑비

전라남도 화순군 이양면 쌍산의로 459.
쌍봉사에 있는 도윤의 탑비이다. 현재
비신은 없어진 상태이고, 받침돌과
머릿돌만 남아 있다. 이 탑비의 건립 시기는
도윤의 입적 즈음으로 추정된다. 보물
제170호로 지정되어 있다.

영월 징효국사부도

강원도 영월군 수주면 무릉법흥로 1352.
이 승탑은 절중의 사리를 모신 탑으로,
그 양식을 고려할 때 고려 시대의 것으로
추정된다. 강원도 유형문화재 제72호로
지정되어 있다.

영월 흥녕사지 징효대사탑비

강원도 영월군 수주면 무릉법흥로 1352.
이 탑비는 절중을 기리기 위해 세운 석비로
현재까지 거의 완전한 형태로 보존되고
있다. 비문에는 절중의 출생에서부터
입적할 때까지의 행적이 실려 있다. 특히
비문 끝에는 절중의 공적을 기리는 내용도
포함되어 있다. 이 비는 절중이 입적한
후 944년에 건립되었다. 보물 제612호로
지정되어 있다.

화순 쌍봉사 목조지장보살삼존상
(보물 제1726호, ⓒ문화재청)

7

봉
림
산
문

鳳林山門

봉림산문 법맥도

마조 도일	장경 회휘	현욱	심희	찬유
馬祖道一	章敬懷暉	玄昱	審希	璨幽
709~788	755~816	787~869	855~923	869~958

중국 선종   중국 선종

● 개산조
○ 실제 개산

고달사지는 박물관이 아니다

우리는 오랜 역사 속에서 형성된 정신적·문화적 유산을 '전통'이란 이름으로 부르고 있다. 그런데 전통은 현재의 의미를 담아내지 못하면 자연스럽게 소멸되고 만다. 여성이 결혼하면 반드시 사내아이를 낳아 가문의 맥을 이어야 한다든지, 여성은 정치에 관여해서는 안 된다는 것은 오늘날 더 이상 의미를 갖지 못한다. 과거의 가치가 오늘날 옛날이야기 정도로 취급되고 있는 것은 그것이 현재성을 상실했기 때문이다. 남녀 차별이 내재된 과거의 가치를 오늘에 살릴 이유는 없다. 그것은 전승의 대상이 아니라 오히려 폐기와 극복의 대상이다.

이와는 달리 현재에도 여전히 의미가 있는데도 불구하고 사라지는 경우가 있다. 이는 오늘을 사는 우리들의 무관심이 낳은 결과라 할 것이다. 전통의 가치를 살리려는 의지가 없다면 앞으로도 이런 일은 계속 반복될 것이다. 이런 얘기를 하는 이유는 구산선문의 가치는 오늘날에도 여전히 전통으로서 의미가 있다고 믿기 때문이다. 그렇기 때문에 구산선문 관련 사찰뿐만 아니라 사지로 남아 있는 공간 역시 박물관이 아니라 생생한 삶의 현장으로 유지되어야 한다.

여주 혜목산慧目山에 위치한 고달사지高達寺址 역시 포기할 수 없는 가치를 지니고 있는 우리의 소중한 전통문화유산이다. 이곳은 봉림산문의 시작을 연 원감 국사 현욱圓鑑國師 玄昱, 787~869의 자취가 남아 있는 곳이다. 비록 제자인 진경 심희眞鏡審希, 855~923에 이르러 개창되지만 봉림산문의 역사는 엄연히 이곳에서부터 시작된다. 즉 봉림산문의 뿌리와 정신은 혜목산에 있다는 것이다. 비록 과거의 영광을 뒤로 한 채 사지의 모습으로 남아 있지만 우리가 간과해서는 안 될 이유가 여기에 있다.

현욱과 관련된 자료는 매우 적은 편이다. 그래서인지 그에 대한 연구도 구산선문과 관련된 인물들에 비해 극히 적은 편이다. 비문도 전해지지 않아 자세한 행적을 살피기도 쉽지 않다. 그나마 『조당집』과 몇몇 선사의 비문에 단편적으로 전하고 있는데 이를 다행이라고 해야 할지 모르겠다.

그는 아버지가 병부시랑兵部侍郎을 지낼 정도로 으뜸가는 가문에서 출생하였다. 병부시랑은 오늘날 국방부 차관에 해당되는 높은 관직이다. 그래서 그의 집안이 진골이라는 주장이 있는가 하면, 그렇지 않고 육두품이라는 견해도 있다.

그는 어릴 때부터 불법을 좋아해 물을 길어다가 물고기에게 주었으며, 모래를 쌓아 탑을 만들기도 하였다. 출가의 인연이 어릴 적부터 있었던 셈이다. 언제 누구에게 출가했는지 자세한 기록이 없어 알 수 없지만, 그는 22세에 구족계를 받았다고 전해진다. 이후 824년 당시의 유행처럼 당나라로 유학의 길을 떠난다.

당나라에 도착한 그는 장경 회휘章敬懷暉, 755~816에게 가 그의 법을 받게 된다. 회휘는 마조 도일의 제자로서 당시 왕실로부터 존경을 받던 인물이었으며, 수도인 장안뿐만 아니라 전국에 걸쳐 이름을 떨친 선사였다. 그 후 현욱은 여러 곳을 유행하다가 태원부太原府에 이르러 두 절을 번갈아 가며 살았다고 한다. 태원부는 문수보살의 성지로 알려진 오대산 근처에 있는 도시이다. 현욱이 살았다던 두 절이 어디인지는 자세히 알 수 없지만 혹자는 그중 한 곳으로 성수사를 주목하기도 하였다.

네 명의 왕이 존경한 스승

현욱이 당나라 유학을 마치고 귀국한 해는 그의 나이 51세가 되는 837년이다. 그런데 그의 귀국은 왕명에 의해 이루어졌다고 전해진다. 당시 흥덕왕은 왕자인 김의종金義宗을 통해 선사의 귀국을 원한다는 뜻을 전하였다. 이는 곧 당시에 현욱의 이름이 신라 왕실에까지 알려졌다는 의미이기도 하다. 그렇다 하더라도 왕이 직접 귀국을 부탁했다는 것은 나름의 이유가 있지 않았을까 싶다.

실상산문에서 살펴본 것처럼 흥덕왕은 그의 아우인 선강태자와 함께 홍척에게 귀의하고 사법제자가 된 인물이다. 그는 당시 교종 세력과 연

여주 고달사 지 (사적 제382호)

여주 고달사지 승탑
(국보 제4호, 현욱의 부도로 추정하고 있지만
누구의 것인지 확실치는 않다.)

결된 귀족들을 견제하고 정치 개혁을 추진하려고 하였다. 때마침 이루어진 선불교의 국내 유입은 그에게 커다란 힘이 되었다. 아마도 왕은 선사가 귀국을 하면 개혁을 표방하는 자신에게 힘을 실어줄 것으로 기대했던 것 같다.

그런데 그가 귀국했을 때 흥덕왕은 이미 세상을 떠난 후였다. 그 뒤를 이어 희강왕僖康王이 왕위를 계승하였으나 오래 가지 못하고 민애왕閔哀王에 의해 밀려나게 된다. 한마디로 정치적 혼란이 계속되고 있었다. 그는 굳이 수도인 경주에 들어갈 필요성을 느끼지 못했다. 그래서 향한 곳이 남원의 실상사다. 당시에는 이미 실상사가 산문을 열고 선종 사찰로서 활동을 하고 있던 시기였다.

선사가 이곳에 머물자 네 명의 왕이 차례로 그에게 귀의한다. 민애왕과 신무왕神武王, 문성왕, 헌안왕이 모두 그에게 귀의하고 제자의 예를 다하여 공경했다. 그리 길지 않은 시간에 네 명의 왕이 잇달아 그에게 귀의했다는 것은 그만큼 당시의 정치적인 상황이 긴박했다는 의미도 된다. 당시 희강왕을 누르고 왕위에 오른 민애왕은 장보고 세력에 의해 축출되었으며, 그 뒤를 이은 신무왕 역시 왕위에 오른 지 얼마 지나지 않아 죽고 말았다.

그가 실상사에 머문 기간은 3~4년 정도 되는 것 같다. 이곳을 떠나 혜목산으로 몸을 옮긴 것이 840년 무렵으로 알려져 있기 때문이다. 이때를 즈음해서 그는 독자적인 산문을 열고자 했으며, 그래서 택한 곳이 여주에 위치한 혜목산이었다. 그가 이곳을 택한 것은 혜목산이 지리적으로 교통의 요지였기 때문이라는 견해도 있다. 아직 선불교의 단비가 내리지 않은 이 지역의 입장에서 보면 축복이라 할 것이다.

그런데 이곳 여주 지역은 김헌창의 아들 김범문金梵文이 고달산의 산적 수신壽神 등 100여 명과 함께 반란을 일으킨 곳이다. 왕위 계승을 둘러싼 갈등이 대를 이어온 셈이다. 비록 반란이 진압되었다고는 하나 이 지역 역시 반 신라적인 기운이 적지 않았던 곳이다. 그래서 문성왕은 이를 달랠 필요성을 느꼈고, 그 대안으로 당시 존경의 대상이던 현욱을 혜목산에 주석하도록 요청한 것으로 보인다.

선사가 혜목산 어느 사찰에 주석했는지는 알 수 없지만 상당히 오랫동안 머물렀던 것 같다. 그리고 다시 경문왕의 요청으로 고달사로 몸을 옮기고 입적할 때까지 이곳에서 제자들에게 선의 가르침을 전하는 데 전념하였다. 특히 고달사는 제자 심희와의 만남을 통해 봉림산문이 역사 속에 등장하는 계기를 마련했다는 점에서 중요한 의미를 갖는다.

또한 현욱의 제자로 홍각 이관弘覺利觀, 미상~888의 존재도 간과해서는 안 된다. 홍각의 비문에 그가 현욱의 으뜸가는 제자로 거론되었기 때문이다. 홍각은 가지산문의 이二조인 염거의 제자로 알려진 인물이다. 그래서 염거가 주석했던 억성사에서 머물다 입적하고 그의 비문도 그곳에 세워졌다. 그럼에도 불구하고 비문에 현욱이 스승으로 기록된 것은 그의 감화력과 영향력이 컸음을 의미하는 것은 아닐까 싶다.

현욱의 생애에서 특별히 주목되는 것은 그가 입적하기 전 제자들에게 무차대회無遮大會를 열라는 것을 유훈으로 남겼다는 사실이다. 무차대회는 말 그대로 신분의 차별 없이 모든 사람들이 참여하여 재물과 법을 함께 나누는 법회이다. 모든 사람은 귀천이나 신분에 관계없이 불성을 지닌 평등하고 고귀한 존재라는 선불교의 이념을 상징적으로 보여 주고 있다. 이곳 고달사지는 생의 마지막 순간까지 차별 없는 세상을 꿈꿨던 그의 인문 정신이 살아 숨 쉬는 곳이다.

　　고달사지를 박물관으로 만드느냐, 아니면 전통이 살아 있는 삶의 현장으로 가꾸느냐는 오늘을 사는 우리에게 달려 있다. 사지 옆에는 가건물로 지어진 고달사가 자리하고 있는데 산문의 전통을 지키기 위해 안간힘을 쓰고 있었다. 그곳의 주지 스님은 무허가 건물을 철거하지 않았다는 이유로 기소되어 집행유예 삼 년을 선고받았다고 한다. 전통을 지키려는 노력이 한 스님을 전과자로 만드는 오늘의 현실을 어떻게 보아야 할까? 그곳을 찾은 날 고달사지는 노란 원색의 자태를 뽐내는 은행잎으로 가을을 화려하게 수놓고 있었지만, 나는 그곳에서 우울한 가을을 그렇게 걸어야만 했다. 고달사지가 복원될 수 있도록 관심을 가져 달라는 주지 스님의 말씀이 계속 귓가에 맴돌았다.

봉림의 참거울, 진경 대사

봉림사지는 폐허다

이래도 되는 것인가. 경남 창원에 위치한 봉림사지鳳林寺址는 폐허였다. 자동차로 세 시간여를 달려 찾아간 그곳은 더 이상 봉황이 노닐던 숲(鳳林)이 아니었다. 그저 잡풀만 무성한 채 사람들의 기억에서 지워져 있었다. 그곳에서 봉림산문을 활짝 연 진경 대사 심희의 인문 정신을 느껴 보려 했던 내 생각이 헛된 것이었음을 아는 데는 그리 오랜 시간이 걸리지 않았다.

어느 주택가 앞에 주차를 하고 조금 걸어가자 '경상남도 기념물 제127호 봉림사지까지 1.1킬로미터' 남았다는 표지판이 보였다. 가파른 경사 길을 이십 여 분 오르다 보니 봉림사지를 가리키는 팻말과 "역사문화 탐

창원 봉림사지(경상남도 기념물 제127호)

창원 봉림사지 진경대사탑
(보물 제362호, 현재 국립중앙박물관에 위치해 있다.)

방 길"이라고 적힌 안내판이 나왔다. 반가운 마음이 문득 일었다. 산책하는 마음으로 그 길을 천천히 걸었다.

그러나 안내판과 달리 그곳에 역사와 문화는 없었다. "민족의 자산인 문화재를 보호합시다."라고 쓰인 표지판도 있었지만 민족의 자산도 문화재도 그곳에는 존재하지 않았다. 봉림사지에는 오직 폐허 속 정적만이 흐르고 있었다. 참으로 난감했다. 내가 무엇을 보러 여기까지 달려왔는지 알 수 없었다. 문화가 새로운 가치 창출의 원동력이라고 외치는 오늘날 대한민국의 현주소만 확인할 수 있었다.

문화재는 시대정신을 담고 있는 상징이다. 이를 통해 우리는 과거의 선인先人들이 어떤 생각을 하면서 살았는지, 그것이 당시에 어떤 의미를 지녔는지를 읽을 수 있다. 그뿐만 아니라 과거의 가치가 오늘날 우리에게 여전히 의미 있는지 모색할 수 있게 하는 중요한 자산이기도 하다. 그런데 그런 상징물들이 사라진다면 우리는 과거와 만날 수 있는 길도, 과거의 전통이 오늘날 어떤 의미를 갖는지 모색할 방법도 잃게 된다.

이뿐만이 아니다. 앞서 이야기한 바와 같이 문화재가 남아 있더라도 그것은 본래의 자리에서 보존되어야 한다. 그래야 전통의 의미를 살릴 수 있기 때문이다. 과거라는 역사와 현재라는 의미가 공존하는 전통은 그것이 살아 있던 현장에 있어야 그 가치를 생생하게 드러낼 수 있다는 것이다. 안전하게 보존할 수 있다는 이유로 문화재들을 박물관에서만 관리한다면 과거의 역사성은 담보할 수 있을지 몰라도 현재의 의미성은 살리기 어렵다. 현재의 의미는 시간뿐만 아니라 공간과 더불어 있을 때 살릴 수 있는 것이다.

과거에는 봉림사지에 일부 문화재들이 남아 있었다. 그런데 진경 대사 심희의 부도와 탑비는 일제강점기 시절 경복궁 경내로 옮겨졌다가 지금은 국립중앙박물관 야외전시장에 모셔져 있다. 봉림사지 삼층석탑은 일본으로 유출될 위기에 처했다가 다시 봉림사지로 돌아왔지만 돌보는 이가 없어 방치된 상태로 있었다. 그러다가 1960년 창원교육청에서 상북초등학교로 옮겨 세우게 되었다. 몇 안 되는 문화재들이 집을 잃고 헤매는 실정이다. 현재 봉림사지는 봉림사의 옛터임을 알려 주는 표지판과 진경 대사의 탑비가 있던 곳임을 알려 주는 표지석만이 쓸쓸하게 남아 있다.

자신을 비추는 참거울

봉림사는 진경 대사 심희가 문을 연 봉림산문의 중심 사찰이었다. 비록 임진왜란 때 소진되어 폐사되었지만 산문의 전통은 유지되어야 한다. 현재에도 여전히 의미가 있다고 믿기 때문이다. 이곳은 현욱의 인문 정신을 이어받은 제자가 스승의 이름으로 산문을 열고 선사상을 전파했던 곳이다.

심희는 가야계 출신으로 김유신의 후손이다. 그는 9살 되던 해에 혜목산 고달사로 출가하여 현욱의 제자가 되었다. 당시 구산선문을 연 선사들이 대개 화엄종으로 출가했다가 선종으로 몸을 옮긴 데 비해 심희 선사는 처음부터 선종으로 출가를 한 것이다. 비록 어린 나이였지만 선불교에 대한 이해는 있었던 것 같다. 중앙 귀족을 기반으로 하고 있던 교종의 타락이 지속되면서 새로운 시대정신이 필요하다는 문제의식이 그에게도 전해진 것은 아닐까?

창원 봉림사지 진경대사탑비
(보물 제363호, ⓒ국립중앙박물관, 국립중앙박물관에 보관되어 있다.)

봉림산문

출가 후 고달사에서 열심히 정진하던 그는 스승의 입적을 맞게 된다. 스승은 구족계도 받지 않은 15세의 심희에게 자신의 법을 전하고 입적한다. 진리의 세계에서 나이가 무슨 상관이겠는가. 중요한 것은 자신의 존재에 대한 깊은 성찰이다. 제자는 자신의 본래면목을 있는 그대로 비춰 보았던 '참거울(眞鏡)'이었다. 19세에 구족계를 받은 그는 고달사를 지키면서 스승의 가르침을 전하는 일에 전념하게 된다. 그러는 와중에도 그는 여러 명산을 유람하면서 공부의 깊이를 더해 간다.

당시 고달사가 위치한 여주는 역사 드라마에 가끔씩 등장하는 양길 梁吉의 난981이 일어난 곳으로, 그의 부하 궁예의 영향력 아래 있던 지역이었다. 잘 알려진 대로 궁예는 미륵 신앙을 중심으로 세상을 바꾸려 했던 인물이다. 선불교와는 그리 잘 어울리지 않는다 할 것이다. 그 영향 때문인지 몰라도 심희는 고달사를 떠나 전남 광주에 위치한 송계선원松溪禪院으로 몸을 옮기고 그곳에서 십여 년을 보내게 된다. 혹자는 신라 왕실이 고달사에 대한 지원을 중단했기 때문에 고달사를 떠났다고 추정하기도 한다.

이후 그가 송계선원에 머물자 학인들이 빗방울처럼 모여들었다고 한다. 또한 그는 전란을 피해 설악산으로 몸을 옮긴 적이 있는데, 수많은 선객들이 이를 알고 바람처럼 달려왔다고 전해진다. 아마도 이곳은 그의 사형인 홍각 이관이 머물던 선림원禪林院이 아닐까 싶다. 그는 잠시 명주 지역에도 머물렀다. 그의 발길이 닿은 곳에는 주변 천 리가 편안하였으며 한 지역이 변화했다고 하니 그의 감화력이 어땠는지를 짐작할 수 있다.

이런 여정을 뒤로 하고 그는 드디어 김해 서쪽에 복림福林이 있다는 말을 듣고 남쪽으로 내려오게 된다. 그리고 이름을 봉림鳳林으로 고친 다음 봉림산문을 활짝 열게 된다. 복의 숲이 봉황의 숲으로 변모한 것이다.

선사가 이곳에서 산문을 열 수 있었던 것은 당시 지방 호족이자 가야계 후손인 김인광金仁匡과 김율희金律熙의 지원이 있었기 때문이다. 그들의 도움으로 심희는 작은 절을 고치고 여러 전각들을 세울 수 있었다. 선사가 이곳에 주석하게 된 것을 비문에는 '마치 고아가 자애로운 아버지를 만나고, 많은 병자들이 뛰어난 의원을 만난 듯하였다.'고 전하고 있다. 신분에 관계없이 모든 사람은 평등하다는 선불교의 보배 비가 이곳 김해 지역에도 내린 것이다.

그가 이곳에 머물자 효공왕이 사신을 보내 귀의의 뜻을 전한다. 그리고 경명왕景明王 때에는 임금의 간곡한 요청으로 신라 왕실에서 진리의 가르침을 전하기도 하였다. 이때 심희는 임금에게 국가를 다스리고 백성을 편하게 하는 방법을 제시했다고 한다. 특히 경명왕은 그를 무척 존경하였는데, 심희가 입적하자 왕은 직접 비문을 찬하고 부도를 세우도록 하였다.

봉림사와 가까운 곳에 있는 김해 지역은 전략적으로 매우 중요한 위치를 차지하고 있었다. 당시에는 후백제를 세운 견훤이 서해안을 장악하고 있었기 때문에 중국과의 해상 교통이 원활하지 않았다. 하지만 당시 봉림사를 지원한 김율희는 일찍부터 당과 무역하면서 독자적인 세력을 구축하고 있었다. 이런 상황에서 김해 지역이 견훤에 의해 무너지면 곧바로 신라 왕실에 위협이 되기 때문에 이곳은 중요한 지역이었던 것이다. 경명왕이 선사에게 특별한 관심을 가진 것은 이런 배경도 작용했을 것으로 보인다.

선사가 입적하자 왕은 시호를 '진경 대사', 탑명을 '보월능공寶月凌

空'이라 내렸다. 비록 지금은 폐허가 되었지만 봉림사지는 우리들 자신이 곧 부처이며, 따라서 모든 사람은 평등하고 존엄한 존재임을 보여 주는 참 거울의 전통이 남아 있는 곳이다. 그리고 선사는 그러한 존재의 참모습을 환히 비추어 주는 보배로운 달(寶月)이었다. 그 보월이 지금 우리들의 무관심이라는 먹구름으로 인해 세상을 비추지 못하고 있다. 먹구름이 모두 걷혀 고요하면서도 밝은 달이 오늘의 세계를 환히 비출 수 있는 그날을 기다려 본다.

돌아오는 길에 상북초등학교에 들러 봉림사지 삼층석탑을 카메라에 담고 있는데, 이 학교 아이들이 관심을 가지면서 지켜보고 있었다. 아이들은 석탑이 봉림사지에서 옮겨온 것임을 알고 있었다. 아이들은 성인이 되어서도 이 탑을 기억할 것이다. 그들이 석탑이라는 문화재뿐만 아니라 그 속에 담긴 선불교의 평등 정신을 읽기를 바라는 것은 지나친 욕심일까?

창원 봉림사지 삼층석탑
(경상남도 유형문화재 제26호, 현재 창원 상북초등학교에 옮겨져 있다.)

고향 가는 길

해마다 명절이 돌아오면 사람들은 고향을 찾아 먼 길을 떠난다. 평소보다 훨씬 많은 시간이 걸리고 고속도로 정체에 시달리면서도 고향을 찾는 이유는 무엇일까? 그곳에는 어머니의 따뜻한 품이 있기 때문이다. 어머니의 손길이 닿은 따뜻한 밥 한 그릇이면 타향에서의 온갖 피로가 모두 풀리고 만다. 모든 것이 넉넉하게 갖추어져 있는 그곳은 우리들 마음의 고향이기도 하다.

선은 우리들 본래의 고향을 찾아가는 길이다. 비록 지금은 고향을 떠나 타향살이의 고통에서 헤매고 있지만, 내 존재의 원천인 불성의 고향으로 돌아가기만 하면 그 모든 고통에서 벗어나 자유와 평화, 행복을 누릴 수 있다. 선에서 강조하는 견성은 중생 살이를 청산하고 '마음이 곧 부처'인 고향으로 돌아가는 일 이외의 다른 것이 아니다.

구산선문을 빛낸 선사들은 모두 불성의 고향을 찾아간 이들이다. 그들은 고향의 포근함과 따뜻함을 알기에 타향살이를 청산하고 고향으로 돌아오라며 우리에게 손짓하고 있다. 봉림산문을 이끈 원감 국사나 진경 대사 또한 예외가 아니다. 이들의 가르침이 있었기에 마음의 고향을 향한 수행자들의 발길은 끊이지 않았으며 산문의 전통 또한 계승될 수 있었다.

봉림산문의 본가는 원감 국사가 주석했던 혜목산 고달사이다. 그리고 그의 법을 이은 진경 대사는 스승으로부터 독립하여 봉림사에서 일가를 이룬다. 이 문하에서 또 한 명의 걸출한 인물이 등장하여 산문의 맥을 잇게 되는데, 봉림산문의 삼三조가 되는 원종 국사 찬유元宗國師 璨幽, 869~958가 주인공이다. 찬유는 고달사에서 28년간 주석하며 선불교의 꽃을 활짝 피운 인물이다. 그는 분가한 아버지로부터 가보를 전수받아 아버지의 고향이자 할아버지가 일군 불성의 땅인 고달사로 귀향하여 산문의 전통을 이었다.

고려 당시 고달사는 고달원으로 불렸는데, 지금의 봉암사인 희양원, 현재 망월사인 도봉원과 함께 삼원三院으로 지정되어 왕실의 지원을 받던 사찰이었다. 고달사가 고려 초 삼대 선원에 속할 정도의 위상을 가질 수 있었던 것은 스승이 세운 봉림산문의 전통을 잘 지켰던 찬유의 공이 크다.

지금도 고달사지에는 선사의 부도와 탑비가 남아 있다. 특히 탑비는 비신 부분이 파손되어 귀부와 이수만 남아 있었는데, 최근에 복원되어 온전한 모습을 갖추게 되었다. 또한 이곳에는 불상을 모셨던 석조대좌를 비롯한 보물과 국보급 문화재들이 남아 있어 당시의 위상을 말해 주고 있다.

여주 고달사지 원종대사탑(보물 제7호)

찬유의 속성은 김씨金氏로 계림鷄林 하남河南 출신이다. 명문 호족의 집안에서 태어난 그는 13세의 어린 나이로 상주 삼랑사三郎寺 융제 선사融諦禪師를 스승으로 모시고 출가한다. 그러나 스승은 혜목산에 '심희'라는 법호를 가진 참부처(眞佛)가 계시니 그곳으로 가서 불법을 공부하도록 권한다. 그래서 혜목산으로 찾아가 심희 밑에서 정진에 정진을 거듭한다. 그렇게 수행에 매진하던 어느 날 문득 자신 안에 있던 불성을 깨닫게 된다. 22세가 되던 해에 양주 삼각산 장의사莊義寺에서 구족계를 받고 이를 계기로 여러 곳을 다니면서 공부의 깊이를 더해 간다.

한편 스승인 심희 선사가 광주 송계선원에 머문다는 소식을 듣고 그곳에 찾아가 그동안의 공부를 점검받는다. 이때 스승은 제자에게 이렇게 말한다.

"백운白雲은 천리에 떠 있거나 만리에 떠 있거나 똑같은 구름이며, 명월明月은 앞산 골짜기를 비추거나 뒷산 골짜기를 비추거나 같은 달이다."

마음과 마음으로 나누는 스승과 제자의 정이 따뜻하게 느껴진다. 제자는 스승의 발에 정례頂禮를 올리고 자신을 불성의 고향으로 이끌어 준 것에 대한 감사의 마음을 전한다. 이제 스승과 제자는 아무리 멀리 떨어져 있어도 마음으로 볼 수 있는 사이가 되었다. 제자는 중국으로 또 다른 스승을 찾아 구법의 길을 떠나지만, 흰 구름은 그곳에도 떠 있었으며 밝은 달 역시 제자의 길을 환히 밝혀 주고 있었다.

집착을 털어 내고

스승을 떠난 제자의 발길은 중국을 향하였다. 중국에 도착한 찬유는 여러 곳을 유행하다가 마침내 서주徐州 동성현東城縣에 위치한 적주산寂住山에 이르게 된다. 당시 이곳에는 석두 희천石頭希遷, 700~790의 법손이며 취미 무학翠微無學의 적자로 알려진 투자 대동投子大同, 819~914이 주석하고 있었다. 투자는 불성이 무르익은 제자를 한눈에 알아보고 도담道談을 나눌 수 있는 유일한 인물이라고 칭찬을 아끼지 않는다. 아마도 당시에 인도를 비롯한 여러 지역에서 중국으로 불교를 전하거나 공부하러 온 승려들은 많았지만 그의 눈에 띌 만큼 걸출한 인물은 없었던 것 같다. 그래서 유독 찬유에 대한 애정이 깊지 않았나 싶다. 또 다른 스승과의 만남을 통해 찬유의 불성은 한층 성숙하기에 이른다. 이때의 심정을 비문에서는 이렇게 전하고 있다.

미언微言을 투자의 혀끝에서 깨치고 참부처가 바로 자신의 몸 가운데 있음을 알았다.

'미언'이란 뜻이 깊은 말을 의미하는 선 언어이다. 선사는 스승의 가르침을 통해 마음에서 마음으로 전한 불성을 깨치게 된 것이다. 투자로부터 법을 전수받고 하직 인사를 드리려 하자 스승이 말한다.

"너무 먼 곳으로 가지 말고 또한 너무 가까운 곳에도 머물지 말라."

이 말 또한 선 언어로서 멀고 가까운 경계에 집착하지 말라는 가르침이다. 이 말을 들은 제자의 대답이 아주 멋지다.

"비록 스님께서 먼 곳이나 가까운 곳에 머물지 말라 하셨지만, 저는 멀거나 가깝지 않은 곳에도 머물지 않겠습니다."

멀거나 가까운 곳은 물론 그 어떤 경계에도 집착하지 않겠다는 뜻이다. 이미 찬유 선사는 그런 경지를 체득한 것이다. 이를 보고 기뻐하지 않을 스승이 어디 있겠는가. 스승은 제자의 깨친 경지를 인정하면서 말이 아닌 마음으로써 마음을 전하게 된다.

투자를 떠난 찬유는 천태산을 비롯하여 여러 곳을 유행하면서 선지식들과 진리의 교류를 나눈 다음 드디어 귀국을 결심하게 된다. 고국으로 돌아와 가장 먼저 들른 곳은 스승인 심희가 머물고 있던 창원 봉림사였다. 청출어람의 모습을 본 스승은 어찌나 기뻤던지 선당禪堂을 따로 마련하여 대중들과 함께 제자의 법문을 듣기도 하였다. 사람에게는 늙고 젊음의 순서가 있지만 진리의 세계에는 선후가 없다고 한다. 그러나 불격佛格이 갖춰지지 않았다면 스승이 제자의 법문을 듣는 일은 있을 수 없다. 부처의 품격을 갖춘 사제지간의 진리의 향연이 너무도 아름답게 느껴진다.

이후 삼랑사에 머물던 찬유는 고려를 건국한 태조 왕건의 간곡한 요청으로 광주 천왕사天王寺에 주석하면서 대중들에게 선의 가르침을 전하였다. 하지만 마음속에는 항상 노을이 아름다운 혜목산이 자리하고 있었다. 마침내 그가 마음의 고향인 혜목산으로 몸을 옮기게 된다. 그가 스승의 고

여주 고달사지 원종대사탑비 (보물 제6호)

향이자 봉림산문의 본가인 고달사에 주석하자 이곳은 도를 묻는 이들로 인산인해를 이룬다. 태조뿐만 아니라 혜종과 정종, 광종은 대를 이어 그를 극진하게 대접한다. 특히 광종은 깊은 존경의 마음을 담아 찬유를 국사로 모시기도 했으며, 또한 그의 덕을 기리는 강덕시講德詩를 지어 바치기도 하였다. 그 시가 지금도 비문에 전하고 있다.

마음의 고향으로 돌아가기 위해서는 집착을 털어 내야 한다고 강조하던 찬유는 세수 90의 나이로 입적을 맞이하게 된다. 생의 마지막까지 그는 어진 마음(仁心)이 곧 부처일 뿐 따로 종자가 있을 수 없으니 부지런히 정진하라고 제자들에게 당부한다. 진리에 살다가 진리의 고향으로 돌아간 그는 앉은 채 고요 속으로 떠났다.

집착은 자신이 소중하다고 생각하는 것을 잃었을 때 흔히 일어난다. 자신이 아끼던 고가의 물건이나 소중한 사람을 잃었다고 해 보자. 이미 지나간 일이니 잊어버리자고 다짐을 해 보지만 그러면 그럴수록 자꾸만 그 대상에 집착하는 자신을 발견하게 된다. 그래서 집착을 하면 몸은 현재를 살고 있지만 마음은 과거에 머물러 있는 것이다. 그것이 인간의 실존이다. 고향에 내려오면서 마음이 이미 지나간 일에 머물러 있다면 어머니가 해 주는 따뜻한 밥을 먹어도 그 맛을 느끼지 못할 것이다. 불성의 고향은 집착을 털어 낼 때, 즉 과거가 아닌 현재를 있는 그대로 살 수 있을 때 찾아오는 귀한 선물이다. 원종 국사 찬유가 우리에게 전해 주는 메시지도 바로 여기에 있다.

답.사.노.트.
봉림산문의 흔적을 찾아서

🕸

사찰 및 사지

여주 고달사지

경기도 여주시 북내면 상교리 411-1.
고달사는 통일신라 시대에 창건된 사찰로
'고달원'이라 부르기도 하였다. 언제
폐사되었는지 알 수 없으나 고려 시대에
이르러 큰 도량으로 번성되었음을 남은
유물들을 통해 짐작할 수 있다. 고달사는
봉림산문의 개산조인 현욱이 머물던
사찰이다. 이곳에서 그의 제자이자
봉림산문 2조인 심희와의 만남이
이루어졌다. 이후 3조인 찬유가 머물기도
했다.
고달사지에는 현재 국보 제4호인
고달사지 승탑을 비롯하여 보물 제6호인
원종대사탑비, 보물 제7호 원종대사탑,
보물 제8호 석조대좌 등이 자리해
있다. 본래 고달사지에 위치해 있던
보물 제282호 고달사지 쌍사자석등은
국립중앙박물관에 보관되어 있다.
고달사지는 사적 제382호로 지정되어
있다.

창원 봉림사지

경상남도 창원시 의창구 봉림동 165.
봉림사는 봉림산문 2조 심희가 창건한
사찰로서 봉림산문이 실제 개산된
곳이다. 이후 내력에 대해 상세히 전하는
바가 없으나 임진왜란 때 폐사된 것으로
추측된다. 현재 이곳에 위치한 유물은
없다. 다만 봉림사지에 있던 진경대사탑과
진경대사탑비는 국립중앙박물관에
자리하고 있다. 더불어 봉림사지
삼층석탑은 창원 상북초등학교에 자리하고
있다. 봉림사지는 현재 경상남도 기념물
제127호로 지정되어 있다.

봉림사지 석조대좌

고달사지 쌍사자석등 ⓒ국립중앙박물관

유물 및 문화재

여주 고달사지 승탑

경기도 여주시 북내면 상교리 411-1.
고달사지에 위치한 이 승탑은 고려 초
조성된 것으로 알려져 있다.
특히 봉림산문 초조인 현욱의 묘탑이라
추측되지만 확실치 않다. 현재 국보
제4호로 지정되어 있다.

여주 고달사지 원종대사탑

경기도 여주시 북내면 상교리 411-1.
고달사지에 위치한 이 승탑은 봉림산문
3조 찬유의 사리탑이다. 현재까지도 거의
완전한 형태로 보존되어 있는데, 이 탑의
건립 연대는 탑비의 비문 내용으로 볼 때
977년인 것으로 추정하고 있다. 현재 보물
제7호로 지정되어 있다.

여주 고달사지 원종대사탑비

경기도 여주시 북내면 상교리 411-1.
고달사지에 세워진 탑비로 찬유를 기리기
위한 비이다. 비신에는 찬유의 가문, 출생,
행적, 고승으로서의 학덕 등에 관한 내용이
실려 있다. 한편 이 탑비의 조성 연대는
비문에 의해 975년임을 알 수 있다.
보물 제6호로 지정되어 있다.

창원 봉림사지 진경대사탑

서울특별시 용산구 서빙고로 137
국립중앙박물관. 창원 봉림사지에 남아
있던 봉림산문 2조 심희의 사리탑이다.
탑비와 함께 봉림사지에 있던 것을
1919년 경복궁으로 옮겼으나 현재는
국립중앙박물관에 옮겨져 있다.
이 탑의 조성 시기는 심희가 입적한
해인 923년으로 추정된다. 하지만 하단
받침돌의 안상이 고려 시대 특색을 보이고
있어 통일신라의 양식을 계승하면서도
새로운 양식으로 옮겨가는 과정이
엿보인다. 보물 제362호로 지정되어 있다.

창원 봉림사지 진경대사탑비

서울특별시 용산구 서빙고로 137
국립중앙박물관. 심희의 사리탑비로서
봉림사지에 있던 것을 현재
국립중앙박물관에서 관리하고 있다.
이 탑은 심희가 입적한 다음해인
924년 세워진 비이다. 현재 비신의 일부가
분실되어 옛 탁본을 참고해 복원해 놓은
상태이다. 보물 제363호로 지정되어 있다.

8

희양산문

曦陽山門

희양산문 법맥도

사조 도신
四祖道信
580~651

법랑
法朗
생몰년 미상

신행
神行
704~779

준범
遵範
생몰년 미상

혜은
惠隱
생몰년 미상

도헌
道憲
824~882

북종선

양부
楊孚
미상~917

긍양
兢讓
878~956

●개산조
○실제 개산

육조 혜능
六祖慧能
638~713

청원 행사
靑原行思
미상~740

석두 희천
石頭希遷
700~790

약산 유엄
藥山惟儼
745~828

석상 경제
石霜慶諸
807~888

곡산 도연
谷山道緣
생몰년 미상

남종선

느림과 빠름

산행을 하다 보면 여러 유형의 사람을 만날 수 있다. 마치 달리기를 하듯 빠른 속도로 산을 올라가는 사람이 있는가 하면, 주변의 경관을 모두 구경하면서 천천히 가는 사람도 있다. 그런데 평소 빨리 걷던 사람이 늦게 가는 사람과 보조를 맞추려고 하면 오히려 힘들어지는 경우가 있다. 느리게 걷는 사람 역시 자신 때문에 다른 사람이 늦게 올라가는 것 같아 산행이 부담스럽고 불편하다. 그래서 각자 자신의 걸음에 맞춰 산행하는 것이 오히려 낫다. 그렇게 자신의 방식대로 오르다 보면 정상에서 모두 만나게 된다. 중요한 것은 빠르고 느림이 아니라 정상이라는 목표를 향해 같은 방향으로 나아가고 있다는 점이다.

선불교에서는 빠르게 가는 수행 방식을 돈교頓教라 했으며, 천천히 느리게 가는 방식을 점교漸教라 했다. 전자가 혜능의 전통이라면, 후자는 신수의 전통이다. 그런데 돈과 점은 진리(法) 차원의 문제가 아니라 사람(人)에 따른 차이에서 비롯됐다는 점을 간과해선 안 된다. 그래서 혜능도 『육조단경』에서 '진리에는 돈과 점이 없지만(法無頓漸), 사람에 따라 근기의 차이가 있을 뿐이다(人有利鈍).'라고 한 것이다. 우리가 돈오頓悟니 점수漸修니 얘기를 할 때 놓치기 쉬운 부분인데, 이를 간과하게 되면 중요한 핵심을 잃게 된다. 선에서 강조하는 진리, 즉 마음에는 돈점이나 점수 같은 것들이 있을 수 없다.

빠르게 보는 것(見疾)과 느리고 보는 것(見遲)의 차이로 인해 중국 선불교의 역사는 신수의 북종선이 아니라 혜능의 남종선 중심으로 재편되었으며, 우리나라 역시 남종선이 주를 이루고 있다. 그래서인지 북종선에 대한 가치가 폄하되고 있는 것 같다. 그러나 목표와 방향이 다르지 않다면 빠르고 느림의 차이는 중요하지 않다. 즉 핵심은 견성에 있는 것이지, 속도에 있지 않다는 것이다. 혜능이 자신의 성품을 깨달으면 계·정·혜戒定慧 삼학三學을 따로 세울 필요가 없다고 한 것도 바로 이 때문이다. 자신의 성품을 볼 수만 있다면, 계율과 선정, 지혜를 점차적으로 닦는 북종의 수행(隨相三學)이나 삼학을 자신의 마음으로 일시에 관조하는 남종의 수행(自性三學)을 두고 옳으니 그르니 논쟁할 필요가 없다는 것이다.

구산선문을 빛낸 선사들은 빠름의 전통을 강조하는 남종선을 배우고 돌아온 인물들이다. 그러나 이들과 달리 유일하게 중국에 유학하지 않고 국내에서 느림의 북종선 전통을 지켜 나간 인물이 있는데, 희양산문의

문경 봉암사 지증대사탑(보물 제137호)

개조로 알려진 지증 대사 도헌智證大師 道憲, 824~882이 그 주인공이다.

이미 알려진 것처럼 한국에 최초로 소개된 선은 북종선이었다. 사조 도신으로부터 법을 받고 돌아온 법랑法朗은 제자인 신행神行에게 법을 전수한다. 그리고 신행은 북종 계열의 보적 문하에 있던 지공에게서 법을 받고 귀국하여 북종선을 신라에 전하였다. 이렇게 이어진 북종선은 다시 준범遵範과 혜은惠隱을 거쳐 도헌에게 계승된다. 이것이 한국 북종선의 역사이다.

그런데 도헌의 법손이며, 실질적으로 희양산문을 연 정진 국사 긍양靜眞國師 兢讓, 878~956은 산문의 정체성을 북종선에서 남종선으로 바꾼다. 도헌이 낙타를 타고 천천히 가는 전통을 이었다면, 긍양은 빨리 달리는 말로 갈아탄 것이다. 게다가 그는 산문의 법통마저 바꾸는 대범함을 보이기도 하였다. 즉 도헌이 혜은으로부터 법을 받은 것이 아니라 남종선 계열의 진감 혜소眞鑑慧昭, 774~850로부터 법을 받은 것으로 바꾼 것이다. 이는 손자가 할아버지의 스승을 다른 인물로 바꾼 것과 같다. 이는 일상에서도 쉽게 일어나기 힘든 일인데, 그렇게 해야만 했던 속사정이 있을 것이다.

내 안의 참구슬

희양산문의 중심 사찰은 문경에 위치한 봉암사鳳巖寺이다. 이곳은 산문을 굳게 닫은 채 오직 참선 수행에만 전념하는 것으로 유명한 사찰이다. 그래서 평일에는 누구라도 감히 들어갈 수 없는 곳이다. 이곳은 사월 초파일 하루만 개방하기 때문에 그날이 되면 전국에서 몰려드는 사람들로 인산인해를 이룬다. 이 청정한 수행도량을 창건한 인물이 바로 지증 대사 도헌이다.

그는 어머니가 과거 칠불七佛 가운데 제1불인 비바시불毘婆尸佛 꿈을 꾸고 나서 400일 만에 태어났는데, 그날이 마침 부처님의 탄신일인 사월 초파일이었다고 한다.

도헌의 집안은 경주 출신으로 상당한 재력을 지니고 있었던 것 같다. 물려받은 토지가 8백~9백 명 이상을 먹여 살릴 수 있는 정도였다고 하니 말이다. 그래서 그가 진골 출신이라고 추정하기도 한다. 9세에 아버지를 잃은 그는 삶이 무상하다는 것을 일찍부터 알았던 것일까? 어머니의 간곡한 만류에도 불구하고 그는 출가를 결심해 몰래 집을 빠져나와 부석사로 들어가고 말았다.

그러나 어머니가 위중하다는 소식을 들은 도헌은 다시 고향으로 돌아온다. 아들의 얼굴을 본 어머니는 병이 나았지만, 이번에는 도헌이 병을 얻고 말았다. 아무리 이름난 의원을 찾아가도 아들의 병은 낫질 않았다. 출가를 해야만 병이 나을 수 있다는 말을 듣고 어머니는 눈물을 흘리면서 부처님께 기도하였다. 아들의 병만 나을 수 있다면 당신께 보내겠노라고 하면서 말이다. 그 기도 덕분인지 아들의 병은 나았고 계속해서 사문의 길을 갈 수 있었다.

부석사에서 범체 대덕梵體大德으로부터 화엄을 배운 도헌은 17세에 이르러 경의 율사瓊儀律師로부터 구족계를 받았다. 그가 구족계를 받을 무렵에는 도의를 비롯한 홍척, 현욱, 혜철 등이 귀국하여 남종선을 사람들에게 알리고 있었다. 그는 이들처럼 중국으로 유학을 떠날 수도 있었을 텐데

문경 봉암사

이와는 다른 길을 선택한다. 최치원이 쓴 도헌의 비문에는 흥미로운 대목이 나온다.

> 쑥이 삼대에 의지하여 스스로 곧을 수 있었고, 구슬을 내 몸에서 찾았으니 이웃에게 빌리는 것을 그만두었네.

쑥이 삼밭에서 자라게 되면 굳이 받침대를 대지 않아도 삼처럼 곧게 클 수 있다. 이는 성악설을 주장한 순자荀子의 말을 인용한 것인데, 좋은 환경을 만나면 굳이 외국에 나가지 않아도 된다는 뜻이다. 구슬을 내 몸에서 찾았다는 구절은 『법화경』에 나오는 의리계주衣裏繫珠의 비유를 들어 설명한 것이다. 부자 친구가 가난한 친구 옷 안에 값비싼 보석을 넣어 주었는데, 가난한 친구는 무명無明의 술에 취해 그것을 모르고 거지 생활을 계속했다는 내용이다. 이는 무명의 술에서 깨어나 내 안의 참구슬, 즉 불성을 찾기만 한다면 중생의 삶을 청산하고 부처의 삶을 살 수 있다는 뜻이다. 그런데 굳이 중국까지 갈 필요가 있겠냐는 것이다. 해골에 담긴 물을 마시고 마음을 깨친 원효가 중국 유학을 포기했던 이유도 이와 다르지 않았다.

그는 부석사를 떠나 북종선의 맥을 잇고 있었던 혜은을 찾아가 법을 전수받는다. 혜은에 대한 기록이 없어 자세한 상황은 알 수 없으나, 분명한 것은 이때까지도 북종선의 법맥이 유지되고 있었다는 사실이다. 스승으로부터 법을 받은 그는 계룡산 수석사水石寺에 머물면서 북종선을 전파하기 시작한다. 이곳에서 그의 명성이 널리 알려지자 경문왕은 선사를 모시려고 했지만, 도헌은 이에 응하지 않는다. 그러나 얼마 지나지 않아 단의장옹주

端儀長翁主의 간절한 요청으로 현계산賢溪山 안락사安樂寺로 몸을 옮기게 된다. 그의 비문에 '현계산 지증 대사', 혹은 '현계 선지식' 등의 표현이 있는 것으로 보아 이곳에 대한 애정이 깊었던 것 같다. 그만큼 오래 머물렀다는 뜻으로도 읽힌다. 안락사는 도헌이 입적한 곳이기도 하다.

도헌이 안락사를 떠나 희양산문의 중심 사찰인 봉암사로 몸을 옮긴 것은 심충沈忠의 간곡한 요청이 있었기 때문이다. 심충은 자신의 토지를 기증하여 절을 지었고, 헌강왕은 직접 절의 경계를 정해 주며 '봉암'이라는 사명을 내리기도 하였다. 그러나 선사는 이곳에 오래 머물지 못했다. 그는 병이 들어 다시 안락사로 옮겨갔고 그곳에서 생을 마감한다.

그에게는 여러 제자가 있었지만 그중 양부楊孚, 미상~917에게 법을 전수했다. 양부는 긍양의 스승이다.

도헌은 비록 봉암사를 창건하고도 오래 머물지 못했지만, 그는 법손인 긍양에 의해 희양산문의 개조로 추앙된다. 그러나 긍양이 봉암사를 남종선 사찰로 바꾸면서 북종선의 법맥은 끊기게 되었다. 그렇다면 남종선이 대세를 이루고 있는 상황에서 북종선을 지키고자 했던 도헌의 속내는 무엇이었을까?

속도인가, 방향인가?

가능태와 현실태

역사가 승자의 기록임은 부인할 수 없다. 그래서 승자의 기록은 실제 이상으로 부풀려지기도 하며, 반면에 패자의 역사는 실제와 다르게 왜곡되기도 한다. 한국 선불교 역사에서 혜능의 전통을 계승한 남종은 승자이고, 신수의 북종은 패자라 할 수 있다. 그래서인지 북종선에 관한 기록은 찾아보기 힘들다. 남종선 위주의 선불교 역사에서 소외되고 때로는 폄하되기도 하는 것이다.

그런데 분명한 것은 북종선 역시 선불교의 정체성을 공유하고 있다는 사실이다. 선불교의 본질은 '마음이 곧 부처'임을 깨치는 데 있다. 북종선 역시 이 본질에서 벗어나지 않는다. 다만 북종선과 남종선의 차이는 가능태와 현실태의 차이라 할 것이다. 우리는 모두 부처가 될 수 있는 가능성(佛性)을 지니고 있으므로 열심히 수행하면 부처가 될 수 있다는 입장이 북종이라면, 남종은 우리가 이미 부처임을 깨치는 것(見性)이 중요하다고 강조한다. 이를 한마디로 표현하면 '장래의 부처'와 '이미 부처'의 차이라고 할 것이다.

이러한 차이는 선불교가 발생하기 이전에도 있었다. 천태의 성구설性具說과 화엄의 성기설性起說이 바로 그것이다. 불성(性)이 갖추어져(具) 있으므로 수행을 통해 부처가 될 수 있다는 입장이 천태사상이라면, 우리는 이미 불성(性)이 실현된(起) 세계에 존재한다는 입장이 화엄사상이다. 천태와 화엄은 선불교가 등장하기 전까지 중국의 교학불교에서 양대 산맥을 구축하며 많은 발전을 이루었다. 이러한 가능태와 현실태의 차이는 선불교가 발전하면서 유사하게 전개된다.

한국에 들어온 선불교가 남종선 중심으로 발전한 것은 사실이지만 그렇다고 북종선의 역사와 가치를 간과해서는 안 된다. 북종선은 엄연히 지증 대사 도헌까지 이어졌으며, 그는 구산선문 가운데 한 곳인 희양산문의 개조로 평가되고 있기 때문이다.

그는 혜은으로부터 북종선을 배운 것으로 전해지고 있다. 그런데 그 인연은 좀 더 거슬러 올라가는 것 같다. 부석사에서 도헌에게 화엄을 가르친 범체 대덕은 숭업 화상崇業和尙으로부터 신수의 북종선을 전해 들었다. 도헌은 이미 북종선에 대한 이야기를 범체로부터 듣고 혜은에게 가서 이를 전수받은 것이 아닌가 생각된다.

그렇다면 도헌이 당시 유행하던 남종선이 아니라 북종선으로 마음이 간 이유는 어디에 있을까? 자세한 내용이 전하지 않아 이를 쉽게 판단할 수 없지만, 비문에 남아 있는 몇 가지 기록 등을 통해 그의 속내를 헤아려 보고자 한다.

도헌의 비문을 쓴 최치원은 독특한 방식으로 그의 삶을 기록했는데 육이六異와 육시六是가 바로 그것이다. 여섯 가지 기이한 행적과 바른 일을 중심으로 그의 생애를 정리한 것이다. 이 가운데 다섯 번째 기이함(異五)으로 그가 꿈속에서 보현보살을 친견한 내용이 전하고 있다. 보현보살이 꿈속에서 도헌의 이마를 어루만지고 귀를 끌어당기면서 '고행을 실천하기는 어려우나 이를 행하면 반드시 성공할 것이다.'라고 말했다는 내용이다.

이 꿈을 계기로 도헌은 명주옷과 솜옷을 입지 않았으며, 긴 실이 필요할 때는 반드시 삼나무나 닥나무에서 나온 것을 사용하였다. 이뿐만 아니라 어린 양가죽으로 만든 신을 신지 않았으며, 새의 깃으로 만든 부채나 털이 들어간 방석을 사용하지 않았다. 이런 그를 보고 평소 별다른 문제의식 없이 풍족한 생활을 누렸던 승려들은 스스로를 부끄럽게 여겼다.

이 이야기를 통해 도헌의 청빈한 수행 생활을 엿볼 수 있다. 그에게 있어 고행은 그저 자신의 몸을 괴롭히는 것이 아니라, 계율과 무소유의 실천을 통해 자신의 불성을 드러내는 수행이었다. 아무리 자신의 본질이 부처라 하더라도 철저한 수행을 하지 않으면 불성이 드러날 수 없는 법이다. 자신이 이미 부처라는 것만을 믿고서 막행막식莫行莫食하는 승려들에게 이는 커다란 귀감이 되었다. 계율을 지키며 선정과 지혜를 닦는 수행을 통해 자신의 불성이 드러날 수 있다는 것, 이것이 북종선이 가진 가치와 의미이다. 도헌이 북종선에 마음이 끌린 이유도 비록 조금은 느릴지 몰라도 끊임

문경 봉암사 삼층석탑(보물 제169호)

없이 정진하는 수행 정신에 있지 않았을까 싶다.

외로운 구름을 두고 남북을 정하지 말라

북종선에는 닦음만 있고 깨달음이 없다는 평가는 너무 지나치다는 생각이다. 견성은 북종선이나 남종선 할 것 없이 모두가 지향하는 목표이기 때문이다. 달마 이래로 선불교는 달을 가리키는 손가락(標月之指)에 머물고 있는 우리의 시선을 직접 달로 돌이키는 전통을 이어왔다. 손가락에 집착하지 말고 직접 달을 보라는 뜻이다. 달은 곧 본래가 부처인 우리들 마음을 상징한다. 이는 북종선이라고 예외일 수 없다.

비문에는 이와 관련되어 흥미로운 이야기가 전해지고 있다. 도헌이 헌강왕의 요청으로 경주에 갔을 때 왕이 마음에 대해서 물은 적이 있다. 이때 선사의 답변이 매우 인상적이다.

"이것이 곧 이것이니(是卽是), 더 이상 할 말이 없습니다(餘無所言)."

앞의 이것(是)은 달을 가리키며 뒤의 이것은 마음을 가리킨다. 이를 풀이하면 달이 곧 마음이니 다른 말이 필요 없다는 뜻이다. 둘이 대화를 나눌 때 마침 밝은 달이 고요한 호수에 비추고 있었던 모양이다. 이 모습을 보고 도헌은 왕에게 마음이란 말로 표현할 수 없으며, 직접 깨쳐야 한다는 것을 달을 비유해 보여 주었던 것이다. 이에 감동한 왕은 이렇게 말한다.

"부처님께서 꽃을 들어 보이신 것과 선사의 말씀이 진실로 다르지 않습니다."

이를 계기로 왕은 도헌에게 예를 갖추어 망언사忘言師로 삼았다고 한다. 말을 떠난 마음의 이치를 깨친 스승이라는 뜻이다. 도헌은 닦음만 있다고 폄하되었던 북종선을 공부하고 마음을 깨친 인물이었다.

북종선은 닦음만 있고 깨침이 없으며, 반대로 남종선은 깨침만 있고 닦음이 없다는 주장은 편견에 지나지 않는다. 물론 남종선의 전통에서 '유각무수有覺無修'와 같은 얘기들이 없는 것은 아니다. 그러나 이는 닦음이 필요 없다는 말이 아니라 우리 존재의 실상이 본래 부처임을 깨쳐야 함을 강조하기 위한 방편일 뿐이다. 북종 역시 마찬가지이다. 깨침과 닦음, 돈오頓悟와 점수漸修는 서로 떼려야 뗄 수 없는 관계이다. 닦음 없는 깨침이나 깨침 없는 닦음은 있을 수 없는 법이다.

도헌이 활동했던 당시에도 북종과 남종의 차이에 대한 인식이 있었던 것 같다. 그래서인지 북종선의 길을 걷고 있는 자신을 두고 이러저러한 평가를 내리는 상황이 못내 아쉬웠던 모양이다. 비문에는 이런 내용이 전하고 있다.

외로운 구름을 두고 남과 북을 정하지 말라.

외로운 구름(孤雲)은 도헌을 가리킨다. 외로운 구름처럼 청빈한 수행자로 살았던 자신의 삶을 두고 남종이니 북종이니 규정하여 논하지 말라는

희양산문

뜻이다. 어찌 보면 도헌은 남종이니 북종이니 하는 관념에 얽매인 인물은 아니었던 것 같다. 그저 단순하게(單) 자신의 마음을 본(示) 것뿐이다. 그것이 곧 선禪이기 때문이다.

여기에서 우리는 혜능이 홍인에게 던졌던 '사람에게는 남과 북이 있지만, 불성에도 남과 북이 있습니까?'라는 질문을 상기할 필요가 있다. 이 말은 불성에는 남종과 북종이 있을 수 없으며, 오직 사람에게 남종과 북종의 차이가 있을 뿐이라는 뜻이기도 하다. 한쪽에 치우친 나머지 우리가 정작 중요한 점을 놓치고 있는 것은 아닌지 모를 일이다.

사람에게는 각자의 성향이나 근기에 따라 빠름과 느림의 차이가 있지만, 목표와 방향이 옳다면 둘의 차이는 중요한 것 같지 않다. 정상을 향해 급경사로 빨리 오르는 사람도 있지만, 조금 늦더라도 완만한 경사를 택해서 돌아가는 사람도 있다. 어느 길을 가더라도 방향이 다르지 않다면 둘은 정상에서 만날 수 있다.

봉암사를 찾은 초파일에는 단순하면서도 아름다운 순백의 연등이 장관을 이루고 있었다. 그 가운데 세월호 참사로 희생된 이들의 명복을 기리는 연등도 눈에 띄었다. 어느 이름 모를 불자의 마음에 그 아이들이 있었던 것이다. 이 참사는 목표와 방향을 상실한 채 그저 속도만 강조했던 천박한 자본과 골든 타임을 허무하게 보내 버린 무능한 권력이 만들어 낸 합작품이 아니던가. 그날의 희양산은 우리에게 진정 중요한 것이 무엇인지를 묻고 있는 듯했다. 속도인가, 아니면 방향인가 하고 말이다.

강남 스타일

몇 해 전 가수 싸이는 〈강남 스타일〉이라는 노래를 들고 나와 우리나라는 물론 전 세계를 흥분의 도가니로 만들었다. 그런데 이때 아주 흥미로운 현상이 일어났다. 이 곡을 패러디한 여러 노래들이 등장한 것이다. 〈강북 스타일〉을 비롯해서 〈부산 스타일〉, 〈광주 스타일〉, 〈뉴욕 스타일〉 등 각 지역의 특성을 담은 노래와 영상들이 봇물 터지듯 쏟아졌다. 이뿐만 아니라 〈홍대 스타일〉과 같이 자신들이 다니는 대학의 이름이 들어간 노래들도 유행하였다. 그만큼 우리는 다양한 스타일의 시대에 살고 있다.

불교 내에도 간화선 스타일을 비롯하여 위빠사나 스타일, 간경 스타일, 염불 스타일, 다라니 스타일 등 여러 수행 스타일이 있다. 불교 수행도 사람들의 다양한 기호를 반영할 수밖에 없다. 여러 수행들 가운데 자신에게 맞는 것을 선택해서 신행의 기초로 삼으면 될 일이다. 특히 선불교에는 강북을 대표하는 북종선 스타일과 강남을 대표하는 남종선 스타일이 있다.

희양산문을 개창한 도헌은 목표를 향해 천천히 걸어가는 '강북 스타일'이었다. 이러한 전통은 제자인 양부에게까지 이어지지만 손자인 정진 국사 긍양에 이르러 희양산문은 빠름을 강조하는 '강남 스타일'로 바뀌게 된다. 그뿐만 아니라 손자는 할아버지의 법맥마저 강남 스타일로 바꾸고 만다. 도헌이 북종선을 전승한 혜은에게서 법을 받은 것이 아니라 남종선의 진감 혜소로부터 법을 전승하였다고 말이다. 손자가 할아버지와 다른 길을 걷는 것은 이해할 수 있지만 법맥마저 바꾼 것은 쉽게 납득이 가지 않는다. 자칫 무모하게도 보이는 그의 행동에는 어떤 속내가 담겨 있을까?

긍양은 속성이 왕씨王氏로 지금의 공주 출신이다. 그는 어려서부터 글 공부보다는 시와 글씨, 그림 등에 관심이 많았다고 전해진다. 15세에 이르러 부모에게 출가의 뜻을 밝힌 그는 공주 남혈원南穴院 여해 선사如解禪師에게 가 머리를 깎고, 20세에 계룡산 보원정사普願精舍에서 계를 받았다. 그리고 서혈원西穴院에 머물고 있던 양부에게서 법을 받게 된다. 양부는 도헌의 법을 이은 수제자다.

23세가 되던 해에 그는 당나라로 유학을 떠난다. 그리고 마침내 석상 경제의 제자인 곡산 도연谷山道緣을 만나 삶의 전환점을 맞이하게 된다. 스승을 만난 제자는 패기 있는 목소리로 이렇게 질문한다.

"석상의 종지가 무엇입니까?"

그러자 스승은 간명하게 대답을 한다.

"대대로 일찍이 계승하지 않았느니라."

이 한 마디에 긍양은 마음의 눈을 뜨고 깨침의 세계에 들어갈 수 있었다. 일찍이 전한 적도 없는 본래의 참마음, 즉 불성이 자신 안에 있음을 머리가 아닌 온몸으로 깨치게 된 것이다. 이를 계기로 도연의 문하에서 정진을 거듭한 그는 이따금씩 자신의 마음을 담은 게송을 지어 스승에게 바쳤고, 스승은 그때마다 제자의 성장에 경탄을 금치 못했다. 도연의 제자들 가운데 긍양을 능가하는 이는 없었다고 한다.

도연에게서 법을 받은 긍양은 이후 오대산과 운개산雲蓋山을 비롯하여 여러 곳을 다니면서 고승들과 법담을 나누었다. 진리의 편력을 마친 그는 924년 마침내 귀국하게 된다. 고국을 떠난 지 24년 만의 일이었다.

딜레마

긍양이 귀국한 때는 왕건과 견훤 간의 전쟁이 치열했던 후삼국 말기에 해당한다. 그는 어지러운 세속을 떠나 조용한 산속에 은거하였다. 그렇게 몇 년이 흐른 후 그는 스승인 양부가 머물렀던 강주康州 백엄사伯嚴寺에 주석하게 된다. 그가 백엄사에 머물자 배움을 청하는 수많은 사람들이 이곳을 찾아왔으며, 그의 명성은 전국에 알려지게 되었다. 신라 경애왕景哀王은 사신을 보내 귀의의 뜻을 전했으며, '봉종 대사奉宗大師'라는 별호까지 내렸다.

　　그가 백엄사를 떠나 희양산 봉암사로 몸을 옮긴 것은 935년의 일이다. 그가 봉암사로 오게 된 인연을 비문에는 흥미롭게 전하고 있다. 선불교를 널리 펼칠 도량을 찾고 있던 어느 날 안개가 자욱한 가운데 한 신인神人이 나타나 이렇게 말했다는 것이다.

　　"이곳을 버리고 어디로 가려고 합니까? 너무 먼 곳으로 가지는 마십시오."

　　그는 대중들의 만류를 뿌리치고 길을 나섰는데, 갑자기 호랑이의 포효 소리가 들려왔다. 긍양이 삼십여 리를 더 가자 한 호랑이가 나타나 그를 인도한 곳이 바로 희양산 자락이었다. 그가 도착한 봉암사는 호랑이의 기상이 깃든 곳이다. 그래서일까? 지금도 봉암사에는 사냥감을 향한 호랑이의 눈(虎視)과 같이 곁눈질하지 않고 정면으로 자신을 응시하는 성찰의 등불이 일 년 내내 꺼지지 않고 있다.

　　봉암사는 도헌이 입적한 이후 전란으로 인해 폐허나 다름없는 곳이었다. 법당과 요사채는 소실되었으며, 경내는 잡풀만이 무성하였다. 그럼에도 불구하고 도헌의 부도와 탑비만은 굳건하게 산문을 지키고 있었다. 긍양이 할아버지가 세운 도량을 재건하여 무너진 산문을 일으켜 세우자 대중들은 대나무와 갈대처럼 줄을 이어 찾아왔다. 고려 태조는 물론 혜종, 정종, 광종 또한 긍양을 스승의 예로써 대하였다. 특히 광종은 그를 '희양산의 화신보살'로 추앙하였으며, 긍양이 입적한 후에는 '정진 대사靜眞大師'라

문경 봉암사 정진대사탑비(보물 제172호)

는 시호를 내리고 탑명을 '원오圓悟'라 하였다.

　　도헌이 봉암사를 창건했을 당시 이곳은 북종선의 요람이었지만, 손자인 긍양이 도량을 재건하면서 봉암사는 남종선을 전파하는 중심 사찰로 변모하였다. 그런데 그가 진리의 할아버지인 도헌의 이름으로 희양산문을 열면서 정체성의 문제가 발생한다. 할아버지는 북종선의 선사였지만, 손자는 남종선의 선사였기 때문이다.

　　중국으로 유학해서 남종선의 법을 받아온 긍양은 북종선을 따를 수는 없었다. 그렇다고 그는 스승인 양부를 저버릴 수도 없었다. 남종선을 따르자니 북종선의 스승이 걸렸고, 북종선의 스승을 따르자니 남종선의 정체성이라는 문제가 걸렸던 것이다. 어찌 보면 그는 이러지도 저러지도 못하는 딜레마에 빠지고 만 것이다.

　　물론 중국으로 유학해서 도연의 법을 이었기 때문에 자신의 이름으로 산문을 열 수도 있었다. 그러나 그는 스승인 양부, 그리고 양부의 스승이자 봉암사를 창건한 도헌을 마음에서 지울 수 없었다. 그만큼 스승에 대한 존경심이 컸다는 의미일 것이다. 그는 이 문제를 어떻게 해소할 수 있었을까?

　　딜레마를 해소하기 위해 그가 선택한 것은 바로 할아버지의 법계를 바꾸는 일이었다. 즉 도헌이 혜은으로부터 법을 받은 것이 아니라 진감 혜소로부터 법을 전수받았다고 한 것이다. 마침 당시에 지리산 쌍계사에서 산문을 열었던 진감 혜소의 법맥은 전승되지 못하고 끊겨 있었다. 그래서 남종선의 고승인 혜소를 끌어들여 산문의 연결고리로 삼은 것이다. 어찌 보면 스승과 남종선 모두를 살리려는 그의 고뇌가 이런 선택을 하도록 만든 것이 아닌가 싶다.

그러나 분명한 것은 도헌은 혜소의 제자가 아니라는 사실이다. 두 선사의 비문을 모두 최치원이 썼기 때문에 혜소와 도헌이 사제지간이었다면 어느 한쪽의 비문에라도 이러한 관계가 언급되었을 것이다. 그러나 둘의 비문에는 이런 관계가 전혀 언급되지 않았다. 많은 이들이 도헌의 법계가 조작되었거나 혹은 개정되었다고 보는 이유가 여기에 있다.

이런 상황 때문에 희양산문의 개조가 도헌인가, 아니면 긍양인가 하는 논쟁이 끊이지 않았다. 긍양이 개조라면 희양산문은 구산선문 가운데 맨 마지막에 성립한 산문이 된다. 그러나 도헌이 개조라면 희양산문은 수미산문보다 앞선 것이 된다. 『선문조사예참의문』에는 도헌이 개조로 언급되어 있다. 여기에서 중요한 것은 희양산문을 실질적으로 개창했던 긍양의 마음이 아닐까 싶다. 그가 스승의 스승인 도헌의 이름으로 문을 열었다면 그 마음을 존중해 주는 것이 옳지 않을까 생각해 본다.

초파일 봉암사에 걸려 있는 연등은 모두 흰 색이다. 하얀 바탕에는 무엇이든 담을 수 있다. 도헌이 느림의 북종선을 담았다면, 긍양은 빠름의 남종선을 담았다. 그러나 둘 다 방향은 한 지점을 향하고 있었다. 바로 견성이라는 선의 목표를 향해서 말이다. 혹여 우리가 남종선에 치우친 나머지 정작 중요한 걸 놓치고 있었던 것은 아닌지 자문해 볼 일이다.

답.사.노.트.
희양산문의 흔적을 찾아서

꽃

사찰 및 사지

<u>문경 봉암사</u>
경상북도 문경시 가은읍 원북길 313.
봉암사는 희양산문의 중심 사찰로서
개산조인 도헌이 창건한 이래 현재까지
선의 수행 도량으로 일관해 오고 있다.
현재 봉암사에는 국보 제315호인
지증대사탑비와 보물 제137호인
지증대사탑, 보물 제171호 정진대사탑과
보물 제172호인 정진대사탑비, 보물
제169호 봉암사 삼층석탑 등이 자리하고
있다.
희양산과 봉암사는 특별 수행 도량인 만큼
매년 부처님오신날을 제외하고 일반인의
출입을 통제하고 있다.

문경 봉암사

문경 봉암사 지증대사탑비 (ⓒ문화재청)

유물 및 문화재

문경 봉암사 지증대사탑

경상북도 문경시 가은읍 원북길 313.
봉암사의 창건주이자 희양산문의 개산조인
도헌의 사리탑이다. 탑과 함께 나란히 선
탑비의 비문을 통해 이 탑의 조성 시기가
883년이었음을 추측할 수 있다.
보물 제137호로 지정되어 있다.

문경 봉암사 지증대사탑비

경상북도 문경시 가은읍 원북길 313.
희양산문 개산조 도헌의 사리탑비이다.
최치원이 비문을 지은 것으로, 사산비문
중 하나이다. 비신에 새겨진 도헌의
생애는 다른 비문과는 달리 육이, 육시로
정리해 기술되어 있다. 한편 내용 중에
신라 불교사를 세 시기로 나누고, 사조
도신으로부터 시작해 도헌에 이르는
법계를 구체적으로 기술하고 있어 신라
하대의 선종사 연구에 중요한 사료로
인정받고 있다. 또한 신라 하대의 인명,
지명, 제도 등 많은 정보를 담고 있어
신라사 연구의 중요 자료가 되며, 백제
소도에 대한 기록도 담고 있는바 이는
소도에 대한 국내 유일의 기록으로 의의가
있다. 현재 국보 제315호로 지정되어 있다.

문경 봉암사 정진대사탑

경상북도 문경시 가은읍 원북길 313.
희양산문 3조 긍양의 사리탑이다.
이 탑은 경내에서 벗어나 사찰 입구
북쪽의 산중턱에 위치하고 있다.
이 탑의 건립 시기는 965년으로 알려져
있다. 보물 제171호로 지정되어 있다.

문경 봉암사 정진대사탑비

경상북도 문경시 가은읍 원북길 313.
희양산문 3조 긍양의 사리탑비로서
965년에 조성된 것으로 보인다.
보물 제172호로 지정되어 있다.

문경 봉암사 정진대사탑(ⓒ문화재청)

9

수
미
산
문

須彌山門

수미산문 법맥도

석두 희천
石頭希遷
700~790
중국 선종

동산 양개
洞山良价
807~869
중국 선종

운거 도응
雲居道膺
미상~902
중국 선종

이엄
利嚴
870~936

처광
處光
생몰년 미상

● 개산조
○ 실제 개산

묵조선 스타일

누군가에게는 지루할지 몰라도 다른 이에게는 재미와 감동으로 다가오는 조용한 느낌의 영화가 있다. 록이나 헤비메탈을 좋아하는 사람이 있는 반면에 뉴에이지와 같은 조용한 음악을 선호하는 사람도 있다. 박력 있고 시원하게 말하는 사람이 있는가 하면, 침묵을 좋아하는 이도 있다. 세상은 참으로 다양한 사람들이 사는 곳이다.

이는 불교라고 해서 예외일 수는 없다. 선불교에 임제선과 같이 단도직입적이고 화끈한 가르침만 있는 것은 아니다. 묵언默言과 좌선을 통해 나와 세계를 관조하는 묵조선默照禪처럼 고요한 스타일도 있다. 위장이 튼튼한 사람은 음식을 빨리 먹어도 괜찮지만, 소화력이 좋지 않은 사람은 천천히 씹으면서 먹어야 탈이 나지 않는다. 사람의 성향이 다양한 것처럼, 선불교의 수행법 역시 다양하다. 수행의 방법이 다르다 해서 잘못된 길이라 하는 것은 그저 난센스일 뿐이다.

중국에서 유학하고 돌아온 구산선문의 주역들은 대개 마조 도일의 홍주종을 공부한 인물들이다. 이와 달리 조동종曹洞宗 계열에서 법을 받아온 인물이 있는데, 바로 이엄 진철利嚴眞澈, 870~936이 그 주인공이다. 활발하면서도 거침없는 홍주종에 비해 조동종은 매우 고요한 묵조선을 지향한다. '지관타좌只管打坐'란 말로 대표되는 묵조선은 그저 온갖 잡념을 잊은 채 오로지 일념으로 좌선하는 스타일의 선이다. 이를 한국에 처음으로 소개한 이엄은 구산선문의 마지막 퍼즐인 수미산문을 개창했다.

수미산문의 중심 도량은 황해도 해주에 위치한 광조사廣照寺이다. 사찰의 이름에서 묵조선의 향을 들을(聞香) 수 있을 것 같다. 자신과 세계에 대해서 널리(廣) 관조하는(照) 의미가 담겨 있기 때문이다. 그런데 아쉽게도 이곳은 삼팔선이 가로막고 있어 갈 수가 없다. 다른 산문들은 모두 답사를 마쳤는데, 이곳만은 그럴 수 없는 것이 안타까울 뿐이다. 광조사는 오래전에 소실되었으며, 이엄의 탑비와 오층석탑이 남아 있다는 기록만 전하고 있다.

이엄의 속성은 김씨金氏로 그의 선조는 왕족이었으나 집안이 몰락하여 충남 공주로 내려왔다고 전해진다. 이엄의 출생지가 충남 서산인 것으로 보아 가세가 더욱 기울어 이곳까지 온 것이 아닌가 싶다. 그는 12세에 이르러 가야갑사迦耶岬寺로 출가를 한다. 가야갑사는 충남 덕산에 위치한 보원사普願寺로 알려져 있다. 이곳에서 그는 덕량 법사德良法師를 스승으로 삼아 공부에 매진한다.

해주 광조사 오층석탑
(ⓒ국립문화재연구소)

그는 출가한 지 반년 만에 경율론經律論 삼장三藏에 두루 통달했다고
한다. 그래서 스승은 이엄을 가리켜 유교의 안회顏回와 불교의 아난존자에
비유하였으며, 그의 뛰어남을 '후생가외後生可畏'란 말로 정리하였다. 이는
뒤에 태어난 사람은 두려워할 만하다는 뜻인데, 열심히 공부한 후배가 선
배를 능가한다는 의미이다. 그만큼 이엄은 열심히 정진했던 것이다. 이곳
에서 그는 16세에 도견 율사道堅律師로부터 구족계를 받게 된다.

당시 이 지역은 무염의 성주산문이 큰 영향력을 펼치고 있었다. 이
엄은 신라의 불교가 화엄에서 선 중심으로 변화하는 과정을 지켜보았을 것
이다. 이에 영향을 받은 것일까? 이엄은 가야갑사를 떠나 중국으로 구법의
길을 나서기로 결심한다. 마침내 896년 당나라로 들어가는 사신들과 함께
그는 머나먼 길을 떠나게 된다.

중국에 도착한 이엄은 조동종의 법맥을 이은 운거 도응雲居道膺, 미상
~902의 명성을 듣고 그를 찾아간다. 운거산에서 마주한 스승과 제자 사이
에 진리의 긴장감이 흐른다. 먼저 스승이 제자를 시험한다.

"서로 헤어진 지가 얼마 되지 않았는데, 이렇게 빨리 왔는가?"

제자 역시 한 치의 물러섬도 없다.

"일찍이 모신 적도 없는데, 어찌하여 다시 왔다고 하십니까?"

스승과 제자의 마음이 서로 통한 것일까? 도응은 이엄을 제자로 받

아들인다. 이곳에서 그는 6년간의 치열한 정진 끝에 스승으로부터 조동종의 종지宗旨를 이어받는다. 도응이 입적하자 그는 운거산을 떠나 여러 지역을 유행하면서 선지식은 물론 제후들을 만나 중국의 정치에 대한 견문도 함께 넓히게 된다. 그리고 마침내 911년 오랜 중국 생활을 마치고 고향으로 돌아오는 배에 몸을 싣는다.

수미산문을 활짝 열고

전남 나주 회진에 도착한 이엄이 먼저 향한 곳은 김해였다. 나주는 원래 후백제 영역이었지만 궁예가 해로를 통해 장악했기 때문에 항상 전운이 감돌고 있었다. 그래서 이엄은 이곳을 떠나 김해의 호족인 김율희의 도움으로 승광산勝光山에 자리를 잡고 제자들을 지도하였다. 김율희는 봉림산문의 심희를 비롯해서 여러 선사들을 후원했던 인물이다. 이엄은 이곳에서 12년 정도 머물렀던 것으로 전해진다.

그러나 김해 역시 전란으로부터 안전한 곳은 아니었다. 견훤의 후백제와 신라 간의 치열한 전투가 잦았기 때문이다. 김해를 떠난 이엄은 경북 상주를 거쳐 영동永同에 위치한 영각산靈覺山으로 몸을 옮겼다. 영각산 북쪽에 토굴을 짓고 머물자 이 소식을 들은 수많은 사람들의 발길이 이곳을 향하였다. 그의 명성은 고려의 왕건에게까지 전해졌고 마침내 왕건은 그를 초빙하기에 이른다. 당시 왕건은 이름 있는 선사들을 초청하여 개경이나 그 주변 사찰에 머물도록 하였는데, 이엄도 그중 한 명이었던 것이다. 비문에는 이엄이 고려로 가게 된 속내를 이렇게 전하고 있다.

내가 임금을 보고자 한 것은 왕의 국사를 돕기 위함이다. 부처님도 왕에게 불법의 외호를 맡기신 것을 환기시키기 위해 나는 서울에 가려 한다.

이엄은 자신의 선사상을 펼치기에는 신라나 후백제보다는 고려가 낫다는 판단을 한 것 같다. 중국에서 여러 제후들과의 만남을 통해 익힌 정치적 안목이 그 위력을 발휘한 것이 아닐까 싶다. 고려의 수도에 도착한 이엄은 태흥사泰興寺에 머무르다가 다음해 사나내원舍那內院으로 몸을 옮기고 그곳의 주지가 된다. 사나내원은 당시 개경에서도 매우 영향력 있는 사찰로서 희양산문의 긍양이 왕사의 신분으로 주석했던 곳이기도 하다. 왕건은 틈이 날 때면 이곳을 찾아 이엄에게 정치적 조언을 구하였다. 통일 전쟁으로 인한 살육이 끊임없이 자행되는 상황에서 왕건은 나름의 해법을 찾고자 했던 것이다. 이에 대한 이엄의 답변이 비문에 전하고 있다.

임금께서는 비록 군사를 동원하여 적과 싸우더라도 항상 백성을 불쌍히 여기십시오. 왜냐하면 왕이란 본래 사해를 집으로 삼고 만민을 자식으로 여겨야 하기 때문입니다. 무고한 사람은 죽이지 말고 죄가 있는 무리만을 엄선하여 다스려야 합니다.

전쟁으로 인해 죄 없이 죽어 가는 백성들을 생각하는 마음이 임금에게도 전해진 것일까? 왕건은 이 말에 깊은 감동을 받는다. 이곳에서 9년을 보낸 그는 개경을 떠나 한적한 곳에서 자신의 선사상을 펼치고자 하였다.

이러한 뜻을 왕건에게 전하자 왕은 해주 남쪽에 정사를 짓고 이엄으로 하여금 주석하도록 하였다. 그곳이 바로 수미산문의 중심 사찰인 광조사다. 그리고 이엄은 입적할 때까지 이곳에 머물게 된다.

이엄은 약간의 문도들만 데리고 광조사로 몸을 옮겼지만, 이곳은 그에게 선을 배우려는 사람들로 넘쳐났다. 그때의 일을 비문에서는 이렇게 전하고 있다.

> 법융 선사法融禪師가 북해에 돌아가서 머문 것과 같고 혜원 법사慧遠法師가 여산廬山 동림사東林寺에서 백련결사白蓮結社를 가진 것과 같다.

당시 이엄의 감화력이 어땠는지 짐작할 수 있는 대목이라 할 것이다. 수많은 사람들이 광조사를 찾아와 가르침을 청하더라도 이엄은 귀찮아하거나 게을리하지 않고 차분하게 선의 본질을 전하였다. 이는 마치 거울이 사람의 얼굴을 비추어도 피로를 느끼지 않는 것과 같았다. 수많은 제자들에게 이엄은 자신의 존재를 있는 그대로 비춰 주는 성찰의 거울이었던 것이다.

수미산문은 지역의 호족이 아니라 왕실의 지원으로 성립된 산문이다. 특히 이엄과 왕건은 매우 긴밀한 관계를 유지하였다. 그렇다면 왕건이 해주에 광조사를 짓고 그를 주석하도록 한 이유는 무엇일까? 그리고 이곳 광조사에서 이엄이 전하고자 했던 선의 정신은 무엇일까?

밖
에
서
찾
지
말
라

이엄과 왕건

고려를 건국한 왕건의 최대 관심사는 후삼국을 통일하고 강력한 중
앙집권제를 확립하는 일이었다. 특히 각 지역으로 분산된 권력을 중앙으
로 모으기 위해 왕건은 많은 노력을 기울였다. 그가 6명의 황후와 23명이
나 되는 많은 부인을 둔 것도 지방의 호족들을 규합하기 위한 일환이었다.
또한 각 지역의 호족들은 대부분 사찰을 중심으로 세력을 형성하고 있었기
때문에 이들의 힘을 중앙으로 모으기 위해서는 국가적 차원에서 불교를 보
호하고 장려하지 않을 수 없었다.

왕건은 개경이나 주변 지역의 사찰에 명망 있는 선사들을 주석하도
록 했으며, 그들로부터 정치적 의견을 구하기도 하였다. 이때 만난 인물 중

해주 광조사 진철대사보월승공탑비
(ⓒ국립문화재연구소)

의 하나가 바로 수미산문의 이엄이다. 수미산문은 지방 호족 세력의 지원
으로 형성된 산문들과 달리 왕건의 직접적인 지원으로 설립된 산문이다.
이는 왕건과 이엄의 관계가 매우 긴밀했음을 보여 주는 단적인 예라 할 것
이다. 그런데 왕건이 다른 지역이 아니라 해주에 광조사를 창건하고 이엄
을 적극적으로 지원한 이유는 무엇일까?

　　왕건에게 있어서 고구려의 수도였던 평양은 군사적인 면은 물론 정
치적으로도 중요한 의미를 지닌 곳이다. 평양은 고구려의 옛 영토를 회복
하겠다는 그의 명분과 부합되는 곳이기 때문이다. 이는 고구려 유민들의
힘을 하나로 모으는 데도 유리하게 작용하였다. 왕건은 그의 사촌 동생인
왕식렴王式廉을 파견하여 통치하도록 했으며, 평양을 서경西京으로 승격시
키고 많은 관료와 군사를 파견하기도 하였다. 그뿐만 아니라 백성들을 이
주시키는 일도 계속해서 진행하였다.

　　여기에서 주목되는 점은 왕건이 평양으로 이주시킨 백성들은 주로
해주를 비롯한 패서浿西 지역의 주민들이었다는 사실이다. 이를 두고 왕건
이 평양의 재건을 위해 패서 지역의 기반을 활용했다는 평가가 있는가 하
면, 군사적으로 팽창한 패서의 호족 세력을 약화시키기 위한 전략이었다는
평가도 있다. 특히 해주는 패서 지역 가운데서도 서해 해상의 입구로서 중
요한 위치를 차지하고 있었다.

　　그리고 해주와 멀지 않은 경기도 장단長湍은 순지계의 세력이 영향
력을 떨치고 있던 지역이다. 순지順之. 생몰년 미상는 당나라에 가서 앙산 혜
적에게 법을 받고 귀국한 뒤 오관산五冠山 서운사瑞雲寺에 머물면서 자신의
선사상을 펼친 인물이다. 순지에 관한 기록이 『조당집』 20권의 대부분을

차지하고 있다는 점에서 볼 때, 그는 한국 선불교의 역사에서 간과해서는 안 될 인물이다. 특히 그는 지방 호족의 독자적인 세력 형성에 도움을 주었던 인물로 알려져 있다. 경기도 장단에 위치한 것으로 추정되는 서운사는 바로 순지가 주석하면서 큰 영향력을 발휘했으며, 그의 입적 이후에도 그 세력은 여전히 유지되고 있었다.

이런 배경을 살펴볼 때 왕건에게 이 지역은 정치적으로 부담을 느끼지 않을 수 없는 곳이었다. 그래서 장단과 가까운 해주에 광조사를 창건하고 이엄을 주석하게 함으로써 그 지역 불교계의 힘을 수미산문 중심으로 모이도록 한 것이 아닌가 생각된다. 이는 또한 그 지역 호족 세력의 힘을 약화시키는 데도 상당한 역할을 했을 것이다. 이엄 역시 독자적 산문을 형성하는 기회로 활용하여 자신의 선사상을 펼칠 수 있었다.

비문에는 왕건이 수미산문을 지원한 내용이 구체적으로 나온다. 왕건은 왕실 소유의 장전莊田을 광조사에 기부했는데, 이를 삼장三莊으로 나누어 관리하도록 하였다. 삼장이란 토지인 양장糧莊과 소금밭인 염장鹽莊, 목화밭인 면화장棉花莊을 말한다. 이러한 대규모의 지원으로 이엄은 수미산문을 열고 그 지역의 불교계를 장악할 수 있었으며, 또한 왕건이 삼국을 통일하고 중앙집권제를 확립하는 데 도움을 줄 수 있었다. 요즘 말로 한다면 서로 윈윈한 셈이다.

도는 밖에 있는 것이 아니다

이엄이 광조사를 중심으로 수미산문을 열고 활동하면서 조동종은 전성기를 맞이하게 된다. 운거 도응의 법을 받고 돌아온 인물은 이엄 이외에도 대경 여엄大鏡麗嚴과 법경 경유法鏡慶猷, 선각 형미先覺逈微 등이 있었다. 이 네 명을 일컬어 '사무외사四無畏士'라 불렀다. 이들은 모두 태조 왕건의 왕사를 지낼 정도로 당시 불교계에 영향력 있던 인물이었다.

조동종은 그 맥이 조선 중기까지 이어졌다. 고려 중기에 이르러 『삼국유사』를 편찬한 것으로 유명한 일연一然, 1206~1289은 『중편조동오위重編曹洞五位』를 남겼으며, 조선 중기에 이르러 매월당 김시습은 『조동오위요해曹洞五位要解』를 저술해 조동종의 맥을 이어갔다. 그 이후에 조동종의 자취는 사라졌지만 오늘날에 이르러 조동종의 전통을 복원하려는 노력이 지속되고 있다. 1996년에는 『수미산문과 조동종』(불교전기문화연구소, 1996)이라는 책이 발간되어 조동종의 역사를 정리하기도 하였다.

그렇다면 이엄이 수미산문을 열고 우리들에게 전하고자 했던 선의 인문 정신과 메시지는 어디에 있을까? 전하는 자료가 많지 않아 이를 읽어 내기가 매우 어려웠다. 그러나 과거의 전통을 오늘에 맞게 살려 내는 일이 우리의 몫이라는 사실은 변하지 않는다.

왕건은 때때로 이엄을 찾아와 자신의 고민을 털어놓았다. 오늘날로 보면 이엄은 왕건의 멘토 역할을 한 셈이다. 비문에는 왕건에게 전하는 인상적인 조언이 나온다.

> 대저 도道란 마음에 있는 것이지 밖에 있는 것이 아니며, 또한 나로 말미암아 얻어지는 것이지 결코 타인으로 말미암아 얻어지는 것이 아닙니다.

이 말에 위로가 된 것일까? 왕건은 스승을 찬탄하면서 이렇게 말한다.

우리 속인들은 심원한 진리가 멀리 있는 줄 잘못 알아서 미리 염라
대왕을 두려워하는데, 스님의 말씀을 듣고 보니 참으로 천상과 인간
이 서로 이야기하는 것과 같습니다.

이엄이 말한 도란 다름 아닌 진리를 의미한다. 그리고 선불교에서
말한 진리는 곧 내 자신이 부처라는 존재의 실상이다. 진리가 밖에 있는 것
이 아니라 내 안에 있다는 것은 내 마음이 곧 부처이므로 우리의 시선이 밖
을 향해서는 안 된다는 것이다. 밖을 향하고 있던 우리의 시선을 안으로 돌
이켰을 때 비로소 내 존재의 실상이 훤히 드러날 수 있다. 이것을 선에서
견성, 혹은 돈오라고 한 것이다. 견성은 나로 인해서 얻어지는 것이지 결코
타인으로 인해서 얻어질 수 있는 것이 아니다.

그런데 예나 지금이나 우리 중생들은 왕건의 고백처럼 진리가 저 멀
리 있는 줄 착각하면서 살고 있다. 우리의 시선이 밖을 향할 수밖에 없는
이유이다. 밖을 향하는 삶은 어떤 모습일까? 바로 부처를 대상화하는 삶이
다. 이는 곧 나는 여기에 있고 부처는 저 멀리 유명 사찰에 있다는 믿음으
로 나타난다. 많은 사람들이 아무리 멀고 험한 길이라 해도 명찰이라 소문
난 사찰을 기 쓰며 찾아다니는 이유가 여기에 있다. 그곳의 부처님은 내가
원하는 모든 소원을 들어 주는 절대 타자이기 때문에 그분께 의지하고 빌
기만 하면 된다는 것이다.

우리나라에 선불교를 전한 선사들은 모두 이러한 행동을 어리석은

것이자 잘못된 믿음이라고 지적하였다. 왜냐하면 부처는 유명 사찰에 있는 것이 아니라 바로 내 안에 있기 때문이다. 혜능도 『육조단경』에서 이를 매우 강조하고 있다.

> 모든 중생 자체에 도가 있는데, 마음을 떠나 도를 찾는다면 종신토록 도를 찾아도 보지 못할 것이다.

이 얼마나 준엄한 가르침인가! 결코 밖에서 찾지 않는(切莫外求) 삶, 이는 곧 우리의 시선을 안으로 돌이키는 일이며 오늘의 언어로 표현한다면 분명한 자기 성찰이라 할 것이다. 비록 지금은 초라하고 형편없는 인격으로 살고 있지만, 그러한 나를 제대로 돌이켜보면 내가 곧 삶의 주인공이며 부처라는 사실을 볼 수 있다는 것이다. 수미산문의 이엄이 오늘의 우리에게 전하고 있는 메시지도 바로 자기 성찰을 통해 삶의 질적 변화를 가져와야 한다는 것이다. 그것은 곧 인격人格에서 불격佛格으로의 전환을 의미한다. 이러한 삶의 변화를 위해 조동종이 택한 방법은 조용히 앉아 자신을 관조하는 좌선이었다.

이엄이 입적하기 전 제자들에게 남긴 마지막 유훈은 자기 성찰을 위해 '힘써 노력하라.'는 것이었다. 그의 사후 왕건이 내린 시호는 '진철眞澈'이었다. 글자 그대로 그는 우리 자신을 있는 그대로 비추는 '참으로(眞) 맑은 물(澈)'이었다.

전국의 유명한 기도 도량은 왜곡된 신앙을 전파하는 곳이 아니라 자기 자신을 성찰하는 공간이 되어야 한다. 그곳의 부처님도 우리에게 말씀하고 계시지 않는가. 나를 보지 말고 너 자신을 돌이켜보라고 말이다.

답.사.노.트.
수미산문의 흔적을 찾아서

❀
사찰 및 사지

황해도 해주 광조사지
황해도 해주시. 고려 태조가 창건하여
이엄을 주지로 삼아 머물게 한 사찰이다.
수미산문의 종찰로서 자세한 연혁은
전하지 않는다. 1900년 이전에 폐사된
것으로 전한다.

❀
유물 및 문화재

광조사 진철대사보월승공탑비
황해도 해주시. 광조사지에 남아 있는
고려 시대의 탑비로 수미산문 개산조인
이엄의 탑비이다. 이엄이 입적한 후 태조는
'진철'이라는 시호를 내리고, 탑호를
'보월승공'이라 하였다고 한다. 이 탑비는
937년 조성되었다.

에필로그

첫 번째 이야기

구산선문을 연구할 때 중점을 두는 포인트가 몇 가지 있다. 먼저 산문을 열게 된 배경을 살펴보는 것이다. 산문을 열 당시의 정치·사회·불교적 상황이 어땠는지, 그리고 산문을 지원했던 세력이 지방 호족이었는지 아니면 왕실이었는지를 살펴보는 것이다. 이를 연구하다 보면 자연스럽게 당시 산문이 나말여초의 격변기에서 어떤 위치였는지, 그리고 불교계에 미친 영향은 어땠는지 등을 종합적으로 파악할 수 있다.

다음으로 중점을 두는 사항은 산문의 주요 선사들의 선사상을 살펴보는 일이다. 여기에는 선사들이 누구로부터 어떤 공부를 했는지 파악하는 것이 필요하다. 왜냐하면 이러한 수학의 과정이 선사들의 사상에 녹아 있기 때문이다. 선사들이 선에 입문하기 전에 배웠던 화엄이나 유식은 그들의 선사상에 영향을 줄 수밖에 없다. 또한 그들이 누구로부터 법을 배웠는지 살펴보는 것도 놓쳐서는 안 된다. 이런 과정을 통해서 선사들의 사상을 연구하다보면 그들 사상의 특성이 무엇인지 어느 정도 드러나게 된다. 그들의 사상이 교학불교와 어떤 차이를 보이는지, 그리고 선불교 내에서도 다른 산문들과의 사상적 차이가 무엇인지 엿볼 수 있다. 이러한 연구를 통해 각 산문의 선사상이 당시 사회에 어떤 의미였는지 알 수 있다.

그런데 이러한 접근은 전문가들의 영역이지 일반인들이 쉽게 할 수 있는 일은 아니다. 구산선문에 등장하는 사찰이나 인물들도 많을 뿐만 아니라 그들의 선사상이 결코 쉽지 않기 때문이다. 수십 명에 달하는 등장인물의 이름을 기억하는 것도 쉽지 않은 일인데 각 산문의 인물과 연관된 사찰, 그리고 언어를 떠난 마음을 전하는 선사들의 사상을 어찌 쉽게 접근할 수 있겠는가.

언젠가 한 불교 관련 인터넷 카페에 들어간 적이 있다. 그때 포교사 고시를 준비하는 어느 분이 올린 글을 보고 나도 모르게 미소를 지었다. 구산선문의 사찰과 관련 인물을 암기하는 방법이 소개되었기 때문이다. 대한불교조계종에서 매년 실시하는 포교사 시험에 구산선문과 관련된 문제도 나오기 때문에 그것을 기억하는 방법을 나름대로 모색했던 것이다.

어떻게 하면 구산선문을 쉽게 접근할 수 있을까? 그때 느낀 내 문제의식이었다. 이 책은 이를 위한 작은 몸부림이다. 그래서 구산선문과 관련된 유적을 직접 답사하고 느낀 점을 진솔하게 전달하고 싶었다. 그러나 처음에는 신문에 연재하는 글이었기 때문에 나름의 한계를 가지고 글을 써야만 했다. 구산선문을 접근할 때 중점을 두는 문제들을 소홀히 할 수 없었고 원고의 분량도 고려해야 했다.

그래서 간략하게 각 산문의 역사와 인물들을 소개하고, 그들이 전하고자 했던 인문 정신을 에세이 형식으로 풀어 보았다. 글을 쓰면서 가장 중점을 둔 부분은 그들의 선사상에 담긴 인문 정신이 오늘날 어떤 의미를 가지는가 하는 것이었다. 당시 신라 사회에 선불교가 사람들에게 의미가 있었다 하더라도, 그것이 오늘날에도 여전히 유의미한가 하는 문제가 남아 있었던 것이다. 그래서 글을 쓰는 내내 이 문제와 씨름을 해야만 했다.

한편 이 책에서는 소개하지 못했지만, 아홉 군데 이외에 진감 혜소의 쌍계산문雙磎山門과 순지 화상의 오관산문五冠山門 등 다른 산문이 있었음을 간과해서는 안 된다. 특히 구산선문의 '구九'는 실수가 아니라 중국이 전국토를 가리킬 때 구주九州 혹은 구역九域이라고 하는 것처럼 고려 초기에 융성한 산문 전체를 가리킨다는 연구도 있는 만큼 나머지 산문에 대한 관심이 있어야 할 것이다. 이 책에서 이러한 산문을 답사하고 선사들의 인문 정신을 다루지 못한 것이 못내 아쉬움으로 남는다. 다음을 위해 마음의 빚으로 남겨 둔다.

두 번째 이야기

불교의 가르침은 소수의 특정인들을 위한 것이 아니라 모든 사람들을 위한 가르침이다. 이는 불교의 대명제다. 부처님은 인도 당시 바라문들이 독점하고 있던 정신문화를 일반인들도 향유할 수 있도록 완전히 공개하였다. 그래서 계급에 관계없이 진리의 길을 가고자 하는 모든 사람들을 승가에 받아들여 함께 공유하였다. 카스트라는 엄격한 계급 사회 속에서 이는 파격을 넘어 거의 혁명에 가까운 일이라 할 것이다. 진리는 계급이나 성별, 인종, 나이에 관계없이 올바르게 살아가려는 사람들이 추구하는 보편적 가치다. 부처님이 성도 이후에 45년 동안 수많은 사람들에게 가르침을 펼친 것도 바로 이 때문이다.

우리나라에 선불교가 들어오기 전까지 불교는 소수의 왕족이나 귀족들만 향유할 수 있는 고급문화였다. 그들만의 리그를 모든 사람들을 위한 리그로 확대시킨 것이 바로 선불교다. 이러한 선불교의 개방성과 평등성은 오늘날에도 결코 놓쳐서는 안 될 인문 정신이다. 이러한 전통을 계승하고 발전시키는 일은 반드시 필요하다.

그러나 답사를 하면서 이렇듯 소중한 전통을 간직한 유적들이 훼손되거나 폐허로 변해 버린 모습을 보고 안타까움을 느끼곤 했다. 굴산사지에서 만난 석불은 목이 잘려 있었으며, 봉림사지는 아예 형체도 알아볼 수 없을 정도로 폐허가 되어 있었다. 고달사지에서 만난 한 스님은 전통을 지키기 위해 가건물로 법당을 세웠다가 전과자 낙인이 찍히기도 하였다. 구산선문은 인류의 보편적 가치를 간직하고 있는 소중한 문화유산이다. 이를 전승하는 일은 오늘을 사는 우리들의 몫이다.

요즘 108산사순례가 유행이라고 한다. 그런데 무조건 유명한 사찰이나 마음에 드는 108 군데의 사찰을 정해서 순례할 것이 아니라 거기에 주제를 담았으면 하는 생각이다. 예를 들어 사람들이 좋아하는 적멸보궁을 담아도 좋을 것이고, 화엄십찰과 같은 주제를 담아도 좋을 것이다. 그

가운데 구산선문을 주제로 한 사찰 순례도 담겼으면 하는 바람이다. 아니, 구산선문 관련 사찰을 순례하는 일이 대유행처럼 번졌으면 좋겠다. 단순히 순례에서 끝나는 것이 아니라 구산선문이 남긴 인문 정신에 대해 성찰하는 시간을 가지면 더욱 값질 것이다. 또한 이를 통해 전통을 지킨다는 것이 무엇이며, 그것이 오늘날 우리에게 어떤 의미인지 모색하는 것도 좋을 것이다.

　　이 책은 구산선문에 대해 전문적으로 연구한 것이 아니다. 구산선문을 답사하면서 편하게 읽고 선사들이 남긴 선불교의 정신, 인문 정신을 함께 공유하고픈 생각에서 쓰인 에세이다. 이 작은 책이 구산선문이라는 소중한 전통을 새롭게 인식하는 데 조금이라도 도움이 되었으면 하는 바람이다.

선불교 법계와 구산선문 관계도

◦ 아래의 도표는 선종 초조인 보리 달마에서부터 구산선문 초조에
  이르기까지의 법맥 관계를 정리한 것입니다.
◦ 아래 도표는 책에 소개된 인물을 중심으로 정리되었습니다.
◦ 구산선문의 각 산문 법맥은 각 꼭지에 산문별로 소개하였습니다.

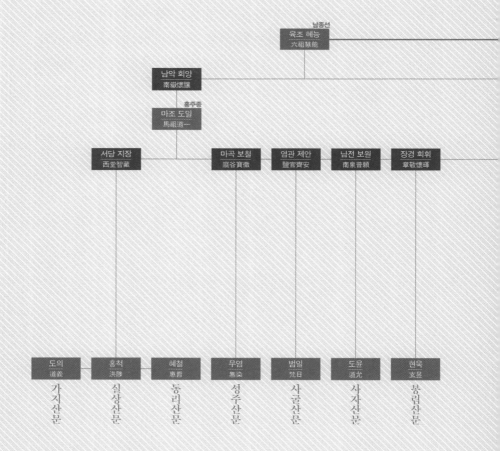

남종선
육조 혜능
六祖慧能

남악 회양
南嶽懷讓

홍주종
마조 도일
馬祖道一

서당 지장 西堂智藏　마곡 보철 麻谷寶徹　염관 제안 鹽官齊安　남전 보원 南泉普願　장경 회휘 章敬懷暉

도의 道義 가지산문
홍척 洪陟 실상산문
혜철 惠哲 동리산문
무염 無染 성주산문
범일 梵日 사굴산문
도윤 道允 사자산문
현욱 玄昱 봉림산문

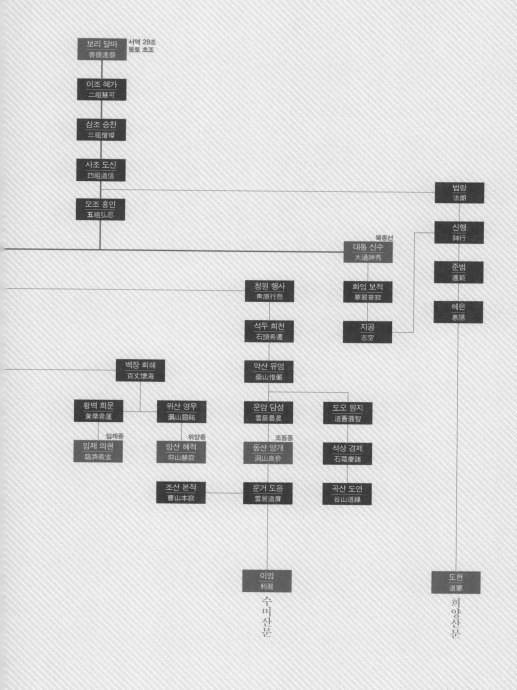

∘ 아래의 내용은 구산선문 고승과 관련한 주요 유물을 표시한 것으로
  각 사지 및 사찰, 박물관에는 그외 유물도 자리하고 있습니다.
∘ 사지 및 사찰의 주요 유물의 현황과 주소는 〈답사노트〉에 기재되어
  있습니다.
∘ 각 산문의 종찰은 █████로 표시하였습니다.

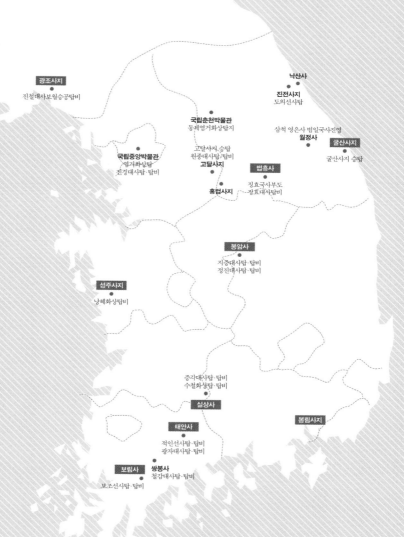

광조사지
진철대사보월승공탑비

낙산사

진전사지
도의선사탑

국립춘천박물관
동제염거화상탑지

삼척 영은사 법일국사진영
월정사

굴산사지
굴산사지 승탑

고달사지·승탑
원종대사탑·탑비
고달사지

국립중앙박물관
염거화상탑
진경대사탑·탑비

법흥사
징효국사부도
정효대사탑비

홍법사지

봉암사
지증대사탑·탑비
정진대사탑·탑비

성주사지
낭혜화상탑비

증각대사탑·탑비
수철화상탑·탑비

실상사

태안사
적인선사탑·탑비
광자대사탑·탑비

봉림사지

보림사
보조선사탑·탑비

쌍봉사
철감대사탑·탑비

사진. ⓒ김성철

• 위 저작자의 저작물 외 사진은 각 사진 설명에
  저작권 표시를 하였습니다.
• 문화재청과 국립중앙박물관에서 제공된 사진은
  공공누리 제1유형으로 개방한 저작물을 이용하였으며,
  해당 저작물은 각 기관의 홈페이지에서 무료로
  다운로드받을 수 있습니다.

[OPEN]

해주에서 장흥까지

아홉 개의 산문이 열리다

초판 1쇄 펴냄 2016년 2월 24일

지은이. 이일야
발행인. 이자승
편집인. 김용환

출판부장. 이상근
책임편집. 김재호
편집. 김소영
마케팅. 김영관

펴낸곳. (주)조계종출판사
     서울 종로구 우정국로 67 대한불교조계종 전법회관 2층
     전화 02-720-6107~9 | 팩스 02-733-6708
     홈페이지 www.jogyebook.com
     출판등록 제300-2007-78호(2007. 04. 27.)

ⓒ 이일야, 2016
값 16,000원
ISBN 979-11-5580-069-0 03910